新築アパート経営こそ
副業の中の本業
成功の秘訣55

株式会社アイケンジャパン
代表取締役
中島厚己

幻冬舎MC

はじめに　アパート経営で成功を目指す全ての方へ

アパート経営は、素晴らしいものです。

自身でアパートを購入してから早20年近く。購入だけでは飽き足らず、企画販売会社を立ち上げてからも、もう10年。社会人として歩み始めたころから考えると、30年近くアパートという商品に携わってまいりました。従事する会社は何度か変えましたが、仕事をする業界は一度も変えておりません。不動産事業、特に「アパート経営」には、私の心をとらえて離さない魅力があると感じています。

「理想のアパートをつくりたい」

その想いに突き動かされ、株式会社アイケンジャパンを設立いたしました。アイケンジャパンの代表として様々なオーナー様に出会い、一つとして同じものはないオリジナルアパートを多数ご提供してまいりましたが、いま改めて「アパートは人生を幸せに導いてくれる」という思いを強くしています。

この本をお手に取ってくださったあなたのように、アパート経営を始めてみよう、もしくは、もっとアパート経営に取り組もう、と思われる方が増えることは、アパート経営の素晴らしさを骨の髄から確信している私にとって、とても喜ばしいことです。投資用アパート販売会社の社長という立場を取り払い、一個人として対峙したとしても、私はあなたにアパート経営をお勧めするでしょう。

アパートはあなたの右腕です。

あなたが働けなくなったとしても、あなたの代わりにアパートが働いてくれます。もしものことがあったとしても、アパートが愛する家族を守ってくれます。どんなときも、アパートはせっせと家賃を入れてくれるのです。なんと頼もしい相棒でしょうか。

２０１２年12月に誕生した第二次安倍内閣が掲げた異次元の金融政策を柱としたアベノミクスも当初の勢いにかげりが見えはじめました。さらに世界経済の先行きも不透明になりつつあります。景気の変動に大きく左右される株式投資などよりも、新築アパート経営の堅実さを一人でも多くの方に認識いただきたく、本書を執筆しました。

ただ、私は手放しでアパート経営を推奨しているわけではありません。

長いことアパート経営の業界におりましたから、様々な物件、オーナー様とご縁をいただきました。これは私がアイケンジャパンを設立する前にお会いしたオーナー様のお話ですが、良いアパートに巡り合い、左団扇で暮らされている方もいらっしゃれば、購入したアパートが赤字物件になってしまい、泣く泣く手離した方もいらっしゃいました。売却できれば不幸中の幸い。売却もかなわず、泣き寝入りするしかなかった方にもお会いしたことがあります。

なぜ、そんなことになってしまうのか。

結論から言わせていただきますと、それは購入するアパートを「見極めていない」から、これに尽きます。

アパート販売会社の営業マンはセールスのプロです。企画の時点で、すでに長期的な入居が見込めないとわかっている物件でも、美辞麗句を並べ立て、さも魅力的な収益物件かのように紹介します。書籍やセミナーなどで勉強され、不動産投資に関する知識をたくさんお持ちの方でも、現場のプロの手腕にはかないません。紹介された物件が、収益物件なのか、はたまた赤字の可能性をはらんだ物件なのか、これまで不動産業に携わったことがない方が見極めるのは至難の業でしょう。それは仕方のないことです。

しかし皆さんが、成功するアパートの確かな指標を手にすることができたらどうでしょうか。目の前の物件を正しく判断する基準があれば、それと照らし合わせ、物件の良し悪しを自分で評価することができます。営業マンの言葉に惑わされることがなくなるのです。

私は、皆さんにその「指標」をお渡ししたいと考えています。それを私の言葉で言い換えると「堅実なアパート経営」となるのですが、この視点を持つことができれば、皆さんの中で、アパート経営の成功がかなり現実的な話としてイメージできるようになるはずです。

理想のアパートをつくると決意して立ち上げたアイケンジャパンは、「堅実なアパート経営」に基づき、土地・建物・管理、すべてにこだわったアパートをつくっています。

それはまさに、創業当初に私が考えた「入居者に選ばれ、オーナー様に喜ばれるアパート」です。そして、それこそが「成功するアパート」だと確信しています。

そのため、これから「堅実なアパート経営」をご説明するにあたり、どうしても弊社の物件を例に挙げることになります。もしかすると、「ただの宣伝ではないか」と思われてしまうかもしれません。その点は、どうかご了承ください。

アイケンジャパンのアパートは、一つの成功事例です。高い入居率を維持していることはもちろん、購入されたオーナー様のほとんどが、売却することなく所有し続けていらっしゃることが、何よりの証拠です。アイケンジャパンが、どこにこだわっているかを知っていただき、それを購入アパートの基準として持っていただければ、本物を見極めることは容易いでしょう。

ここでは、私の持てる限りの知識とノウハウをご紹介いたします。私は定期的にブログを書いておりますが、この本はその内容をもとに、実際のお客様とのやり取りを入れるなど加筆修正をし、読む人にとってわかりやすくまとめました。この本が、これからアパートオーナーとして歩まれる皆様のお役に立ちましたら幸いと考えております。そして、将来のビジネスのあり方が変わろうとしている現在、副業というキーワードの中で堅実なアパート経営こそが、皆様にとって副業の中の本業となり、皆様が人生の成功者となりますよう願ってやみません。

本書では、実際のアパート経営を行う上で、検討から購入、そしてその後と、皆様が通るであろう各段階やときどきで生じる疑問とその回答を、時系列に従って、順序通りにまとめました。まず、アパート経営とはどういうものか？　投資するにはどこに注意すべきか？　業者の選定、現場の注意点から管理会社の問題など今現在あなたが、どの時点にいらっしゃるのか？

ポイントごとに何度でも読み直していただき、参考にしていただければ幸いです。

目次

新築アパート経営こそ副業の中の本業　成功の秘訣55

装　丁　株式会社ジーズデイズ
編集協力　マジカル・アイランド

検討編

I

I　新築アパート投資の勧め

なぜ、新築アパート経営をお勧めするのか？
いろんな角度から検討してみます。

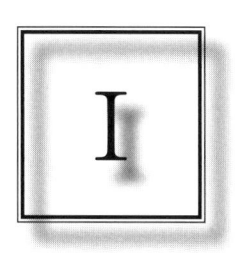

1　アパート経営は誰でもできる

弊社の女性社員が、仕事について友達と話していたときのこと。

「アパート経営なんて、超お金持ちにしかできないと思ってた」

と言われたそうです。意外と皆がそういう認識なんだ、とびっくりしたと私に話してくれました。

そうなのかもしれません。普通に生活していれば、アパート経営をするという発想すらないでしょうし、もし頭をかすめても、「どうせお金持ちのすること」となるのでしょう。

実は、アパート経営をするためのハードルは、最低条件として、サラリーマンであれば、勤続3年以上、年収400万以上、自己資金300万以上、自営業者様であれば、3期連続黒字決算、自己資金300万以上というところでしょうか（注　地域や金融機関によって異なります）。この条件を高いと見るか、低いと見るかは人それぞれでしょうが、冒頭の「超お金持ち」じゃなくてもできると考えれば、低いのではないかと思います。

アパート投資の良いところは、なんといっても、普段の生活を全く変えることなく、資産を増やすことができるという点です。株やFXなどのように時間を取られることもなければ、複雑な知識の習得に日夜励む必要もありません。建物や入退去の管理を管理会社に任せた場合に限りますが、日常的にやらなければいけないことは何もないため、日頃は、その存在を忘れることができます。しかし、家賃は毎月きちんと入ってきます。こんなに素晴らしい仕組みはありません。

株式投資の場合、やりようによっては大きな利益を見込むことができますが、そのためには、何時間もパソコン画面にはりついている必要があります。大切な時間をパソコンの前で過ごすことに費やし、微細な値動きに神経をすり減らし、株価の上下に一喜一憂する日々を過ごしている方も少なくないでしょう。一晩で何百万も失うかもしれないリスクを抱えることになるため、心のどこかにある不安感を常にぬぐえません。

アパート投資に、株式投資のような大きな利益は見込めません。しかしその分、毎月確実な、安定と安心が期待できます。

アパート経営は誰でもできます。特に忙しい方にこそ、お勧めしたいのがアパート経営です。

大企業にお勤めの方は、ぜひ一度真剣にご検討ください。先日お会いした、東証1部上場企業にお勤めのオーナー様が、こんなふうにおっしゃっていました。

「どうして多くのサラリーマンは、せっかく大企業で働いているのに、その属性を使ってアパート経営を始めようと思わないのか不思議でなりません。会社から使われっぱなしでは、割に合わないと思うんですよね。

年功序列も、終身雇用も何も保証されていない以上、いつ肩を叩かれるかわからない時代ですから、そうなる前に、自分の身は自分で守らなければなりません。

大企業に勤めている看板を使って融資を簡単に引っ張ることができ、日常は、始める前と何も変わらないアパート経営こそ、もってこいの副業だと思うんですよ」

「確かにそうですよね。ですが日本人は、他人の目を気にする人が多いから、躊躇する人もいるんじゃないですかね」と私。

「そんなこと関係ないと思うんですけどね。私は全然、気にもかけません。もったいないじゃないですか、良い看板があるのに使わなきゃ。使われるだけじゃ、やってられませんよ」

最近は、副業というキーワードをよく聞くようになりました。堅実なアパート経営、いかがでしょうか？

2　新築アパート投資のメリット

新築アパート投資にはたくさんのメリットがあります。だからこそ、私もアパートを4棟経営しておりますし、お客様にも自信を持って販売することができます。

数多くあるアパート投資のメリットを整理しましょう。

ここで述べることは、販売する側と、実際に物件を所有するオーナーを両方経験している私だからこそお伝えできる内容です。

①　収入を得ながら不動産を手に入れることができる

不動産を購入する場合、多くの方が現金ではなく、ローンを組んで購入されると思います。それがマイホームであれば、通常、毎月何十万もの借入返済に追われ、不動産の所有が家計を圧迫します。しかし、投資用のアパートを購入した場合、借入の返済は、家賃として得た収入の中から行うため、持ち出し（自分の財布、家計からの支出）がありません（注　計画通りに賃貸経営ができていることが前提です）。借り入れの返済をして余った家賃は、そのままその月の収入となります。つまり、マイホームの購入と違い、投資用アパートの購入では、毎月収入を得ながら、同時にローン返済も進み、不動産が自分のものになります。土地の所有を目的にアパート経営をされる方もいらっしゃるくらいです。

アパート経営を上手に行えば、普通は一生をかけて一つ手にする不動産を、幾つも手にすることができます。

また、購入時に投資した自己資金も、家賃収入で比較的短期間（6~8年）のうちに回収することができます。

② 複数棟所有することで生活に十分な収入を得ることができる

自分の懐が痛まないどころか、プラスの収入を得ることができるアパートを、複数棟所有することで、生活するのに十分な収入を得ることができます。何棟でそれが達成できるかは、その方の求める生活レベルによりますが、食べるに困らず、余暇もほどほどに楽しむことができるくらいの金額であれば、一棟当たり8世帯として、3~5棟の所有で得ることができるでしょう。しかもこれは、借入返済がまだある段階での話です。返済が完全に終わったアパートであれば、二棟所有していれば、夫婦二人で生活していくには十分な収入になります。

また、一棟だけでは心配な空室のリスクも、複数棟所有することで軽減されます。万が

一、一棟の空室が続き、家賃収入で借入返済がまかなえなくても、他のアパートの余剰分で補塡できるからです。所有するアパートの立地を分散させれば、さらにリスクは軽減されます。上手にアパート経営をされている方、アパート投資のメリットを十分に理解されている方が複数棟購入されるのはそのためです。

③ 資産価値の上昇を期待できる

たいていの商品は、買った瞬間にその価値が下がります。高級車も、宝石も、購入時と同じ値段で売ることはできません（プレミアがつけば別ですが……）。しかし不動産の場合はどうでしょう。不動産の価値は、比較的物価の上昇と連動するので、資産価値の上昇を期待することができます。

例えばアパートの場合、建物は年月とともに古くなっていきますが、その価値も一緒に下がっていくとは限りません。満室が続く優秀なアパートならば、購入時より高い価格で売却することも可能です。実際に、弊社のアパートのオーナー様が、購入から10年目に購入時よりはるかに高い価格で物件を売却され、売却益をしっかり得ておられました（私としては、ご購入いただいたアパートは、売却せずにオーナー様にずっと持っていただきたいと思っておりますが、それだけ利益が出るなら、それは売りますよね、と納得せざるを得ない値段でした。はじめての売却にショックを受けつつも、自社アパートの市場における価値の高さを確認できたので、これはこれでよしとしております）。

このように、不動産は購入後から楽しみが増えるのです。

④「備え」をした状態で老後を迎えられる

老後の資金をどうするかという問題は切実です。メディアでも多く取り上げられるようになりました。不安の解消のため、何かしなければと思いつつ、結局、何をしたらいいかわからず、何もしないままで年月が過ぎていくことに、さらに不安を感じている方が多いのではないでしょうか。

アパート購入、経営には、たしかにリスクがありますが、なんの手も打たずに、不安を抱えたまま老後を迎えることと比較したら、その安心感と余裕には、天と地の差があります。「備え」をした状態で老後を迎えられることの安心感は計り知れません。これは、実際にアパートを所有している方にしかわからないかもしれないのですが、本当に日々生活する中での気持ちが違います。自然と心に余裕が生まれます。

⑤ 万が一のときも、家族を守ることができる

一家の大黒柱として活躍されている方は、老後の心配の前に、もしものときの、ご家族に関する心配のほうが先に頭をよぎるのかもしれません。

「もしものとき」に備えて入るのが保険ですが、アパートにかける火災保険と一緒に「団体信用生命保険（団信）」を組み込むことができます。これにより、オーナー様に万が一のことがあった場合でも、ローンの残額は団信によって完済されるため、ご家族のもとには無借金のアパートが残ります。その場合、毎月の家賃全額が収入となるため、家族を路頭に迷わせることがありません。

私も妻と三人のこどもがおりますが、アパートのおかげで安心です。

⑥ 我が子に財産を残すことができる

親になると、我が子に何か残してあげたい、と思うものです。購入したアパートは、自分の子に財産として残してあげることもできるので、この点も安心です。

⑦ 毎日の生活は、始める前となんら変わらない

管理業務を信頼できる会社に任せることができれば、アパート経営ほど気楽な事業はあ

ません。収入面、精神面に多大なメリットがあるにも関わらず、毎日の生活は、始める前となんら変わりがないため、余計なストレスがありません。

大家業というと、入居付けから入居者のクレーム対応、物件の掃除、細かな管理など、「手間のかかる仕事がたくさん」だというイメージがあるかもしれません。しかし、それは自分で管理業務をする場合です。管理業務を委託すれば、オーナーの毎月の仕事は、通帳に振り込まれてくる家賃収入をチェックするだけ。あとは、たまに管理業者からかかってくる電話に対応する以外は特にありません。

⑧ 手に入れた土地を活用することができる

ローンを完済し、自分のものになった土地は、自由に活用することができます。

アパート経営を継続し、家賃収入を全額手にしてもよし。新築アパートに建て替えてもよし。ご自宅を新築してもよし。もしくは、売却してキャピタルを得てもよし。とにかく、自分の土地だから自由に使えるのです。夢が広がります。

アパート投資のメリットは、挙げればきりがありません。それほど有効な投資だということです。何よりも、私が肌で感じるのは、持たれている方の「余裕」です。言葉で表すのは難しいですが、にじみ出る雰囲気が違います。

ぜひ、次に挙げる各項目もよく理解された上で、投資として選択肢に入れるかどうかを検討してください。

3　新築アパートVS中古アパート

不動産を初めて購入する方の多くが、「まずは中古を買おう」と思われるようです。中古の方が低額で物件を手に入れることができますし、ある程度、入居の状態を確認してから購入することができます。たしかに、いきなり高額の新築を購入するより、まずは少額の中古からというのは賢明な判断かもしれません。

しかし、私はあえて「新築アパート」の購入をお勧めいたします。初めての不動産だからこそ、新築アパートが良いのです。アパート経営を始め、将来複数棟所有する計画であれば最初に購入する1棟目が肝心だからです。

新築の最大のメリットは、最新の設備の導入、最先端の仕様を採用できるところにあります。すべて新品のため、メンテナンスコストがしばらくは大きくかかりません。長期融資がつきやすく、借入金返済額も低く抑えられるため、その分キャッシュフローが大きくなります。特に初心者の方は、新築から経営を始めた方が良いと思います。

次のようにおっしゃるお客様もいらっしゃいます。

「中古物件のほうが、お買い得じゃないですか？　売主も個人の方だから、安く買えそうな気がします。新築は、販売する業者の利益が、かなり乗っかっているイメージがあるんですよね」

確かに、最初はほとんどの方が、同じように感じるのかもしれませんね。

中古物件は、ハイリスクですが、新築より安く購入できる分、経営がうまくいったときの大きなリターンを見込むことができます。良い物件か否か、それを見極める目を持っていれば、中古物件で大きく利益を出す経営を目指しても良いでしょう。

しかしその前に、中古物件の売主の立場を、ここで一緒に考えてみましょう。大きく分けて、3つのケースがあります。

まず築浅（3～4年）なのに、売りに出しているオーナーについて。この場合、ほぼ失敗したから売却するのだと考えて間違いありません。

新築にも関わらず、早くも空室だらけで逆ざやになり、家賃収入だけでは借入返済ができない状態です。売主は、赤字物件のアパートを早く手放したくて仕方がない、という心境でしょう。

次に、5年経過後に売却するケース。

取得後5年を経過していれば、譲渡所得税が軽減されますから、売却するのもわからなくはありませんが、それでも堅実に経営できているならわざわざ売る必要などありません。

ぎりぎり赤字は免れましたが、今後建物が古くなる一方であることを考えると、早めに売却してキャピタルをたくさん稼ぎ、いったん利益を確定させたい。それを元手に、また新築を買い、同じ様に売り、繰り返し儲けてみせる。購入物件に、それほど思い入れはない。そのように考えている方が多いでしょう。基本的に、5～6年で売却される方は、不動産投資を株取引のように捉えているように思います。

最後に、10年経った頃に売り出すオーナー様はどうでしょう。

これまで減価償却で節税できたが、そろそろ買い替えタイミングかもしれない。甘い汁は吸ったから、メンテナンス費用がかかる前に新築に買い替えよう。借入返済も進んだため、いま売ればかなりのキャピタルを手にすることができる。多くの方はそのように考えているでしょう。

いずれのケースにおいても、売るほうは、ご自分の利益を最大限に考え行動しているにすぎません。当たり前のことです。大切な不動産を、安売りする方など、いらっしゃいません。

それでも、中古物件の掘り出し物を買いたいと思う方へ、一つアドバイス。

今までワンオーナーで所有され続けた物件。しかも10年超えの物件をお勧めします。これらの条件は、謄本を見れば簡単に確認できます。今後、メンテナンス費用はかかるでしょうが、そのような物件であれば購入する価値があります。よほどのお金持ちじゃない限り、赤字物件を10年も所有し続ける方などいらっしゃらないでしょう。10年間順調に経営できたという事実は重要なポイントです。

反対に、10年前後で2～3人所有者が変わっている場合は要注意です。物件に問題がある可能性が高いため、購入しても4人目の売り主の立場に立たされてしまうことになりかねません。

中古アパートにも、もちろん素晴らしい出会いがあります。しかし、安い、利回りが良い、という理由だけで、安易に飛びつくのは危険です。購入する際は、新築以上に物件をよく見定めてください。

次に、新築物件を検討する場合はどうなのかを販売業者の立場で考えてみましょう。企業ですから、利益を乗せなければ販売できません。しかし、利益ばかりを追求していては、お客様には支持していただけません。そのため各企業は、しのぎを削り新たな土地仕入れ、新たな商品開発と、常に進化し、より良いものを生み出すべく全力を尽くしています。ある意味その苦労こそが、価値（利益）となり、それがあるからこそ順調に販売できるのだと思います。

さらに企業にとって、去年より今年、今年より来年と、売り上げをアップしていくことは使命です。その使命を全うするため、やはり企業は日夜努力を重ねています。そこには近道もなければ、省けるものも何一つありません。

弊社の場合も同様で、昨日より今日、今日より明日と日々追求してきた結果が、そのとき販売している物件です。新築アパートは企業努力の賜物なのです。

新築物件のよさを理解されている方は、ご自分のアパートを売却したあとも、やはりまた新築を買われます。中古と新築ではどちらが良いかを一番理解されている方々だと思います。

しかし、全ての新築が良いわけでもありません。

先に挙げた例のように、築浅での売却に至るケースもありますから、どちらを購入するにせよ、企業体質の良し悪し、物件の良し悪しをしっかり見極めることが大切です。

4　新築アパートVS区分所有マンション

不動産投資を始める方が、最初に購入する商品として圧倒的に多いのが、区分所有マンションです。アパートのような一棟物より価格が安いため、試しにという気持ちで購入しやすいようです。

弊社が開催するセミナーでは、終了後にお客様とお話しする機会を設けているのですが、そこでよく聞かれるのが次のことです。

「区分所有マンションを持っているのですが、どう思われますか」

質問されるということは、所有し続けることに疑問を抱いていらっしゃるということ。案の定そのお客様も、現状に不安と不満がありました。私からは、大変申し上げにくいのですが、デメリットを話させて頂きました。

そこでここでは、投資としての区分所有マンションについて考えてみましょう。

《区分所有マンションのメリット》

① 未経験者にとっては少額の自己資金で比較的気軽に投資が可能

② 自己資金や借入金額も少額から始められる
③ 毎年の確定申告にて、損益通算し所得税の還付を受けられる（但し、限度有り）

《区分所有マンションのデメリット》

① 管理費の他に修繕積立金などの費用が毎月かかる
② 毎年損益通算できる時点で赤字を覚悟
③ 1棟ごとに、何十何百室ものライバルがいる
④ 中古市場で売買すると部屋ごとに管理会社が変わるケースがある
（どんな入居者が入ってくるのか把握できない）
⑤ 一人の所有者が、安い家賃で募集すると全体が安いほうへ影響を受けやすい
⑥ 他の部屋で、事件事故が起きると全体に影響する恐れあり
⑦ 退去すると次の入居者が決まるまで収入がゼロ。だが、支払いは待ってくれない
⑧ 箱物の権利のため（土地がない）、基本的に古くなる程価格が下がる傾向
⑨ 毎年赤字なので、仕事を辞めると支払ができなくなることも
⑩ 売れば損切りを覚悟
⑪ 区分所有の借り入れが重たすぎてアパート融資が承認されない

改めて列挙してみて、デメリットの多さに私自身も驚きました。だから新築アパート投資をしましょう、と安易に結論づけることはできませんが、マンション投資での失敗や、赤字補塡がきっかけで、アパート経営に興味を持って頂く方が、非常に多いのも現実です。

不動産投資を始めるなら、まず区分所有マンションで練習し、どんなものかわかってから一棟物などに手を広げていくという考え方が浸透しているように感じますが、私の感覚ですと、初心者の方こそ、新築アパート経営から始めたほうが良いと思います。特に、不動産を複数棟所有すること、また、不動産からの収入を安定させたいと思っている方ならなおさらです。

すでに区分所有をお持ちの方で、赤字に悩まされている方は、まずはその物件を売却することを考えましょう。売却することで、損をするかもしれません。しかし、毎月の持ち出しに悩まされることや、膨らんでいく赤字に神経をすり減らすよりは、思い切って損切をしたほうが賢明です。

区分マンション投資で痛い目に遭われたあと、弊社のアパートのオーナーになられ、資産を増やしている方もたくさんいらっしゃいます。

5　新築アパートVS新築RC

区分所有を購入するよりは、一棟物を購入したほうが良さそうだと考えはじめた方が次に迷われるのが、アパートにするかマンション（RC）にするか、ということです。

お金さえあれば、新築RCが良いに決まっていると思われがちですが、不動産投資の観点から見れば、それが意外とそうでもありません。

新築アパートと新築RCで比較される方が多いため、ここではそれぞれのメリット・デメリットをお話しいたします。

●新築RCのメリット

①　なんといっても完成したときのオーナーとしての誇りを感じられる
②　躯体がしっかりしているため、災害に強い
③　耐用年数が長い
④　防音性が高い
⑤　狭い土地でも、容積次第で上に伸ばすことができ、戸数を確保できる

⑥　火災保険料が安い

●新築RCのデメリット

①　建築コストが高いため、借入期間を長くしなければ採算が合わない
（借入期間目安：40年〜47年）
②　エレベーターなどのメンテナンス費用がかかる
③　1棟当たりの借り入れが多いため、小回りが利きにくい
④　1部屋で事件が起きれば、全室に影響する
⑤　躯体の耐久性の高さに比べ、設備の耐久性は低く、入居者ニーズとマッチする期間も短い
⑥　20年〜30年を過ぎる頃から、⑤の内容に悩まされるようになる
⑦　コストが高いため、初期の家賃設定を高くしないと利回りが悪い
⑧　償却年数が長い

新築RCは、耐用年数が50年〜60年と長いのですが、それに比べて各部屋の設備の耐用年数が20〜30年と短いことから、30年も経ったころからメンテナンス費用がかかってきま

す。

加えて、借りる人のニーズも20～30年経てば変容し、新築時は最先端であったお部屋も時代遅れとなることで、空室が目立つようになります。

これらを解決するために、大規模なリノベーションを行うか、そんなことをして今までの収益を吐き出してしまうくらいなら、いっそのこと売却する、と考える方が多いようです。

「投資」という観点から考えると、新築ＲＣが良いとは一概に言いがたいようです。

では、新築アパートはどうでしょうか。

●新築アパートのメリット

①　ＲＣに比べ間取りの自由度が高い
②　建築コストが安いため、借入金額も少額
③　②により、融資も通りやすい
④　②により、様々な地域に何棟も購入し、リスクを分散させることが可能
⑤　②により、出口戦略も安心

⑥　解体費用が安いため、建て替えも容易にできる

●新築アパートのデメリット

①　ＲＣに比べ災害に弱い
②　防音性が低い
③　２階建の場合、戸数の半分が１階となる
④　ＲＣに比べ、火災保険料が高い

償却年数、設備の耐用年数、入居者ニーズ、融資借入期間がほぼ同じくらいだとすれば、小回りが利き自由度の高いアパートのほうに、次の手の打ちやすさがあるように思います。また、アパートであろうと、ＲＣであろうと、建物自体の耐用年数は思った以上に長いのですが、入居者のニーズが長くて20～30年だということが一番の問題となります。竣工から30年経ったとき、ＲＣの場合は返済がまだまだ残っている点が、厳しい部分です。

さらに言えば入居者のニーズも、物件によって、もしくは販売する会社によっては、へたをすれば４～５年というものもありますから、いずれにしてもいかにニーズをとり入れているか、お付き合いする会社の見極めが肝心ということでしょう。

6　新築アパートVS戸建て賃貸

区分所有、RCときたら、やはり戸建て賃貸に関しても言及しなければいけないでしょう。実際、セミナーなどで「投資用の戸建賃貸ってどう思いますか？」と質問されることは多いのです。そういうとき、決まって私は、「それは、弊社の商品ラインナップにないので、ダメと言うに決まっているじゃないですか」と、冗談交じりにお返事するのですが、実は本当にそう思うから、弊社は事業としていないのです。

ここでお伝えすることは、あくまでも私個人の考え方ですが、投資物件選択の参考にはなると思います。

戸建て賃貸をお勧めしない理由を挙げてみます。

●立地の問題

基本的に、戸建賃貸が事業として成り立つエリアは、土地代がかなり安い郊外です。人口減少が進む現在において、郊外型の賃貸経営がうまくいくとは思えません。今後も都心回帰が続くと考えられるからです。子供を持つ若い世代は、学校区のよさや近さ、交通機関の便利さを求めます。シルバー層は持ち家か、そうでなければ都心に近く、スーパーや病院、銀行などが近いエリアを好みます。郊外の住宅に全く需要がないとは言いませんが、なかなか入居者がつかず、空室に悩むであろうことは容易に想像できます。

●空き家対策特別措置法

先ごろ施行された、空き家対策特別措置法も気になります。本当に古ければ、解体せざるを得ないでしょうが、そうでなければ「貸そうか」となる方も増えるのではないでしょうか。今までは、空き家でも気にしていなかった家の所有者の方が、ライバルとして現れそうです。

●空室リスク

投資金額に対して、戸数が少ないのが気になります。例えば4000万の投資で3棟購入したとしましょう。もし、1棟でも空きが出ればいきなりマイナスか、良くてもトントン。家賃を下げて成約すれば、残り2棟からも値下げ交渉を受ける事態になりかねません。特に戸建てが並ぶエリアは、ご近所付き合いが基本のため、住民同士で情報を共有します。

また空室は、金銭面だけでなく、物件自体にも影響します。家は住まないと傷みが早くなるからです。

●出口が見えない

古くなった戸建賃貸住宅を、しかも郊外で購入したいと考える方が、どれだけいるのか疑問です。うまくいけば、住んでいる方が直接買ってくれるかもしれませんが、その可能性はどの程度なのでしょうか。今後は、空き家対策特別措置法の絡みで、郊外の中古戸建住宅の売り物が、ますます増えるのではないかと予想されます。そんな中での郊外の中古戸建の売却は難しいのではないかと思います。

以上のような状況を考えると、弊社では事業として取り組めない、という判断になります。しかし、全ての戸建て賃貸がダメだと言っているわけではありません。競争に勝てる希少価値の高い物件にめぐり合えれば、確率は低いでしょうが、戸建て賃貸でも成功する可能性は十分にあります。

いずれにせよ、慎重に検討されることをお勧めいたします。

7　いつが買い時か

セミナーの座談会にて、お客様から聞かれたのが、「いつが買い時だと思いますか？最近は過熱気味だと思うのですが」という質問。

「いつが買い時かは、買いたい時が買い時です」と、お答えします。

将来のことなど、不動産のプロでもわかりません。これから先も、上がり続けるのか、もしくは下がるのか？　先のことなど、神様にしかわかりません。わからないからと、様子を見ているうちに、失われた20年のようなことにもなりかねません。

「人は意外と待てないものですよね！　一度興味を持つと、早く手に入れたくなるもの」とは、某大手不動産仲介業者さんの弁です。

過熱気味と思っても、10年も待てるかといえば待てません。どうせ待てないのなら、早めに買ったほうが良いでしょう。期限の利益を得るためにも。

10年の間に、返済は進みます。10年の間に、年を取ってしまいます。などといろいろ考えると、「買いたい時が買い時」となるのです。

あのとき買っておけばよかった、と後悔しないためにも。

8　株から完全にシフト

5年ほど前、広島の弊社オーナー様から嬉しいお言葉をいただいたのでご紹介します。

「私は株の取引をしておりますが、20年間で、紆余曲折の末、2000万円ほど儲かりました。ですが、1年に換算すると100万円、1か月では、わずか8万円。しかも朝から、パソコンの画面に張り付いてのことですから、時給に換算すると660円くらいにしかなっていなかったんですよ。大損するかもしれないリスクを抱えてですから、割に合いません。アイケンさんのアパートを一棟購入して思うのは、何も心配しなくて、何もかかわらなくて毎月8万円。20年後返済が終われば、家賃下落を考慮しても20万円は堅いでしょ。しかも、無借金の不動産が残っているから、大きなキャピタルを得ることもできる」

そんなオーナー様は、今では、弊社アパートを8棟所有されています。完全に、本業とアパート収入額が逆転し、悠々自適の生活を送っておられます。

株価乱高下を見るたびに、このオーナー様のお話を思い出します。

私個人は、株などは一切やらないので詳しいことはよくわかりませんが、精神的によろしくないことだけはわかります。

アドバイスなどはできませんが、別の弊社オーナー様の話で、こんなものもありました。

「何千万円もの借金をしてまで株に投資し、一時は、地獄の淵を彷徨っていましたが、なんとか4000万円利益が出たときに、全て売り抜き、アパート経営に完全シフトしました。今は、健康そのものです。本当によかったです」

そうおっしゃったオーナー様も、弊社アパートを9棟所有されています。

II

新築アパート購入前の心構え

アパート経営の良し悪しが、何となくわかったら、次に購入前に理解しておくべき内容や、心構えを話します。

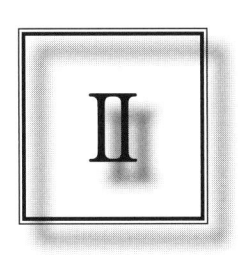

9　なぜアパート経営をするのか

「なぜアパート経営をするのか」

最初に考えることです。

今回は、もう一度原点に返って、考えてみたいと思います。

アパート経営に興味を持つ、最初のきっかけは人それぞれでしょうが、自分の将来を不安視している方や、現状に満足していない方が興味を持つことが多いようです。

たとえば、
①　このまま今の仕事を続けたとしても、生涯年収は……。夢が無いな～。
②　今の収入では、マイホームのローンや学費を払ったら一銭も残らない。
③　今は順風満帆だが、いつリストラや病気、事故等で寝たきりになるか。そのとき家族は……。
④　定年後の生活は、退職金と年金だけではどうにもならない。
⑤　子供のためにも、今できることをしてあげておけば、将来苦労しなくて済むのでは。
⑥　格差社会は広がる一方。資産を増やし備えなければ。

⑦　複数棟所有することで、セミリタイアし、今はできないことをできるようにする。
⑧　区分マンション投資が赤字なので、補塡する手段として。
⑨　株式投資はもう懲り懲り、ローリスクで煩わしくない安心安定な投資として。
等々。

以上のように、人それぞれのきっかけがあって始めるわけです。

しかし、時間が経ち経験値も上がり、大家の会などで知り合いの方が増えると、「お金を増やすには、継続して経営するよりも、購入と売却を繰り返すほうが、手っ取り早い」という考え方になり、本来の目的を見失いがちです。

どんなに知識が豊富になっても、自分は人とは違うのだから、と言い聞かせ、そのような話に、安易に乗っからないことです。

他人はうまくいっても、自分もうまくいく保証はありません。

売却を考えるより、毎月確実に収益があるアパートを何棟所有すれば、当初の不安を解消でき、目標を達成できるのか、そこを明らかにしましょう。そして、なぜアパート経営をするに至ったのか、最初の動機を忘れないこと。

本質を見失わない方が、結果的に将来は安泰だと思います。

いくら目先のお金が入っても、それを次の投資につぎ込み、100%成功する方がどれだけいるのか、はなはだ疑問です。売却を簡単に考えないことです。

ただし、空室が多い場合や、家賃下落がひどい場合は、堅実なアパート経営ができているとは言えませんので、早めに売却し、確実なアパートに買い替えたほうが賢明かもしれません。

ご自分の置かれている状況を、客観的に見るようにしましょう。

いずれにしましても、そもそもの不安解消や、目標達成に向け、ぶれない将来設計を立て、実行するだけです。

10　初心者の方へ

東京の弊社担当と、お客様の間でこんなやりとりがありました。

「他社の物件を焦って購入しました。今決めないとすぐ売れてしまいますよ、と担当者から言われたものですから」

「それで、現地は確認されたんですか？」

「していません」

「何社か比較は？」

「していません。そんな暇はありませんでした。なにしろ焦らせるもので……」

最近、このような話をよく耳にするようになりました。

初めてアパートを購入するお客様の場合、絶対的な経験値が不足しています。そのため、物件の良し悪しを判断できるはずもなく、担当者から、良いことだけを刷り込まれれば、焦って購入してしまうのでしょう。無理もありません。

しかし、現地も確認せず、他社との比較もせずに、よくわからないまま購入してしまうのはあまりにも危険です。複数棟所有のベテラン大家さんでも、もっと慎重です。

どんなにその場で申し込みを促されようとも、他で決まれば縁がなかっただけと開き直り、一度冷静になって考えたほうが賢明です。頭を冷やし、他社とも比較し、現地も確認してみれば、あれだけ良く見えた物件が、実は大したことはなかったと気づくかもしれません。

とにかく、堅実なアパート経営を行おうとすれば、妥協できない絶対条件全てが本当に合格しているのかを、チェックすること。その条件については本書の18節～21節をお読みください。一つでも疑問符がつけば見送りです。

失敗は許されない高額の買い物だけに、購入を煽られたから買うのではなく、もう少し慎重に考えられたほうが、よろしいかと思います。

11　新築アパート経営のリスク

私が自信を持ってお勧めするアパート経営は、メリットがたくさんあるからこそ皆さんにお伝えしているわけですが、投資ですから、もちろんリスクを負うというデメリットもあります。

リスクと聞くと、敬遠される方が多いかもしれませんが、アパート経営に限って言えば、想定されるリスクのほとんどは、努力や工夫次第でマネジメントが可能です。

よく「不動産投資は、ほとんどが失敗するから手を出さないほうが良い」という話を聞きますが、不動産投資で失敗するのは、予想できるリスクへの解決策を持たないまま、安易に物件を購入してしまったからなのではないかと私は想像しています。

リスクはあります。しかし、それを上回るメリットがあることを知っており、実感しているからこそ、アパートを購入される方が後を絶たないのではないでしょうか。私もその一人です。

それでは、アパート投資、アパートを経営する上でのリスクや日々の不満を挙げてみます。企画・販売する側だからこそ知っていることも、包み隠さず書きます。

●アパート投資のリスクや不満

①共用部の清掃をしてくれない
②家賃下落
③成約するたびに、多額の広告料を取られる
④入居者の家賃滞納
⑤管理会社の倒産
⑥空室
⑦近隣の現況変化
⑧入居者が事件や事故を起こす
⑨自然災害や火災
⑩本人の死亡
⑪経年劣化によるメンテナンス
⑫日本経済の破たん
⑬戦争、暴動　など

まだまだ挙げればあるのでしょうが、ちょっと考えただけでもかなりの項目があり、怖

くなります。しかし、このリスクや不満も含めて考えたうえでの購入決断を、お客様はされているのでしょう。

もう少し詳しく見てみますと、右記項目のうち①から⑥までが管理会社に関係する不満、⑦以下が、それ以外の対外的なリスクということになります。

そして、日頃実際に悩ませられるのは、①から⑥までの管理会社に関係するものです。ここで着目していただきたいのが、これらのリスクは人的な要因が大きいということです。それはつまり、努力や工夫次第でかなりの部分を改善することができるということを意味します。それぞれの項目に対し、解決策が必ずあります。要はそれを面倒くさがらず、するかしないかです。

そしてそれをより簡単に、対処解決することができるかどうかは、最初の企画段階での、家賃設定、立地や間取り、設備や仕様などが、大きく影響することはいうまでもありません。

⑧⑨⑩については火災保険や団体信用生命保険加入によりカバーできます。⑪のメンテナンスは、最初の建設時にどのような材料と材質により、どのようにつくられたかによって大きく変わってきます。ひとまず、毎月の積み立てをお勧めします。

こう考えて参りますと、かなりの部分でリスクヘッジが可能だということがわかってきます。

肝心なのは最初のパートナー選び、購入する物件選びだと言えるでしょう。特にパートナー（管理会社）が、どれだけオーナー様の身になって考え、行動してくれるかが非常に重要になってきます。

とにかく、リスクはたくさんあるものの、最初からわかっていれば対策を打つことができます。リスクがあるのはどの投資商品を選んでも同じです。そうであれば、より博打性の低い、新築アパート投資は、選択肢としてかなり有力候補になりうるのではないでしょうか。

12　アパート経営のハードル

アパート経営を始めるまでには、越えなければならないハードルがいくつもありますし、始めたあとも成功するためのハードルが、これまたたくさんあります。ということで列記してみます。

①　投資に対するハードル

アパート経営に限らず、株やファンドなど、投資そのものに抵抗を感じる方が、理解し、興味を持てるか。

②　アパート経営に対するハードル

毎月家賃収入があることに対して、「そんなうまい話があるわけがない」と仕組みそのものに疑問を持っている場合、納得できるかどうか。

③ 家族のハードル

いくらアパート経営をしたくても、家族から反対されればできません。奥さんやご両親の理解や協力は絶対です。

④ 商品やエリアなどのハードル

知識のハードルと言えばわかりやすいかもしれません。エリア、業者、新築、中古、区分所有、アパートなど、何を購入すれば良いかを判断するための知識。また、税金面の知識も必要です。

⑤ 自己資金のハードル

興味を持って知識が身に付くと、現実的な問題の資金をどうするかというハードルにぶつかります。

⑥ 融資のハードル

金融機関から融資を受けることができなければ何も始まりません。承認して頂くための交渉がハードルとなります。

⑦ 借り入れ金額のハードル

アパートを購入するとなれば、何千万単位の借り入れをすることになります。2〜3棟で1億2億という大金の借り入れをすることになるので、金額に対するハードルがあります。

⑧ 現場のハードル

新築の場合、どのように建てたのか、完成までの施工方法や材料など、これもやはりある程度の知識を身に付けなければなりません。知っていて損はありません。

⑨ 管理のハードル

購入後の管理会社の選定も重要です。成功するためには厳選しなければなりません。入居率、家賃下落、退去後の補修費用など、経営に直結します。

⑩ メンテナンスのハードル

建物を維持するために、避けては通れないハードルです。最初の企画の段階で工夫しておくことが肝心です。

⑪ 期限のハードル

年齢のハードルと言えばわかりやすいでしょうか。定年すると融資が厳しくなりますし、借り入れ年数も短くなりがちです。何より、始めるまでの時間がもったいない。

⑫最後に人生のハードル

人生最後の日まで、お金で困らないようにしておかなければなりません。年金不安の中、全ての方に言えることです。

以上のような、越えなければならないハードルが、たくさんあります。これを全て乗り越えた先に、初めて成功の二文字が見えて参ります。

気が遠くなるように感じますが、何事もチャレンジしなければ、始まりません。特に、既に興味を持たれて何か月も何年も経つ方は、期限の利益を捨てているようなものですから、思い切ることをお勧めします。

弊社は、以上のようなハードルに対して、常に万全を期し、お客様に的確なアドバイスを送れるように準備しています。いつでもお気軽にご相談下さいませ。

13　投資利回り

アパート経営に興味を持ったら、まず耳にするのが利回りという言葉です。その利回りには大きく分けて、投資利回り、表面利回り、実質利回り、の三つがあります。弊社では表面利回りを基本にお客様にご提案しております。

表面利回りがどのようなものかと申しますと、簡単に言えば、年間家賃収入を販売価格で割ったものです。

例えば、月の家賃が6万円の部屋が8部屋あれば月額48万円。12か月では576万円の賃収。それに対して土地建物のセット販売価格が7500万円とすれば576万÷7500万＝0・0768、よって表面利回りは7・68％となります。

賛否両論ありますが、アパート経営を始めるにあたり、その物件の良し悪しを判断するうえでは、一番わかりやすいのが表面利回りだと私は思います。ただし、「家賃設定が妥当かどうか」が、かなり重要になります。

利回りの中で一番厳しい見方は、実質利回りでの判断です。これは、実際にかかる経費や金利を家賃収入から差し引いて利回りを計算する方法です。

例えば、年間管理手数料28・8万円、金融機関への金利負担が100万円、固定資産税が60万円。その他経費が20万円と仮定すれば、576万円の賃収から全て差し引くと367・2万円となり、7500万で割ると実質利回り4・89％となります。より堅く見積もるにはこの実質利回りでの判断をお勧めします。

表面利回りに比べ3％近く低くなりますが、確実に家賃収入を安定して得られるのであれば、約5％の実質利回りは魅力ある投資と言えます。今どき5％もの投資商品はありませんから。

いずれにしましても、10年、20年と長い投資となるわけですから、表面利回りや実質利回りでの判断をお勧めします。

さて、私が問題提起したいのは、投資利回りという考え方についてです。

例えば自己資金500万円で7500万円のアパートを購入したと仮定します。25年ローンを組み、毎月の家賃収入からローンの支払い分を差し引いたときの差額賃収が16万円だとすると、年間では192万円。そこから年間管理手数料28・8万円、固定資産税60万円、その他経費20万円を差し引いた、年間賃収83・2万円とすれば500万円の投資に対して、16・64％の投資利回りとなります（83・2÷500＝0・1664）。約6年で自己資金を取り返すことができるということで、かなり良い条件に感じます。一つの判断材料としては悪くありません。「その時点で売れれば良いですよ」と営業マンに言われれば「なるほど」となりがちです。しかし、実際には金融機関からの融資を受けた借入金7000万円のうち、残債が約5800万円あるため、仲介手数料などを含めますと、最低でも6000万円以上で売却できなければ赤字となります。

また、6年後の時点で家賃の下落がなければ問題ありませんが、もし2割下落していれば、年間家賃収入が460・8万円となります。この状態で、中古市場に表面利回り8％で出したとすれば、5760万円での売却となり、借入残債と仲介手数料193万円を差し引くと、233万円の赤字となります。それでは売却は無理であるため、所有し続けた場合、年間家賃収入が年間経費を下回るため、やはり赤字になります。

自己資金を少なくすればするほど、残債は増えますし、借入年数が長くなればなるほど残債の減り方も鈍ります。

ですから、利回りだけに着目するのではなく、いかに競争力のあるお部屋であるか、最初のプランニングの段階での家賃設定や、間取り、設備、エリア、駅からの距離、建物の仕様など全てを充分検討したうえで、購入を決断しなければ、マラソンで言えば、最初の10キロで息切れして、リタイアせざるを得ない状況になるのです。

もし、営業マンから投資利回りを強調された場合、短期での売却が前提だという見方をして下さい。長くは入居が持たないことの裏返しだと考えて間違いありません。

あくまで私個人が感じることですから、絶対ではありませんが、アパート経営は、もっと長い目で見て検討すべきだということを、どうぞご留意ください。

14　家賃設定と利回りの関係

あるとき、談笑中にお客様が、「利回りほど、あてにならないものはない」とおっしゃいました。「どういうことですか」とお尋ねすると、「新築プレミアムの家賃設定は、ある程度覚悟していたのですが、想像以上の家賃下落で、完全にあてが外れました」とのこと。「他社アパートでよく聞く話」と、お答えしたのですが、ひどい話です。

お客様が新築アパートを購入する場合、利回りは重要な判断材料です。利回りが高いほど、収益性が高いということになるわけですから、できるだけ高利回りの物件を購入したいと考えるのが普通でしょう。

その重要な利回りを、操作されているとしたら、事は深刻です。「利回りさえ高ければ、すぐに売れる」と、売る側が操作しようと思えば、いくらでもできるのが利回り。「今どき、○%の利回りは悪くないですよ」と担当から言われれば、「確かに、これは買わなきゃ損だ」となるのは仕方ありません。

しかし、本当にその通りなら、冒頭のようなお話をお客様から聞かされることもないわけですし、私も、「よく聞く話」とお答えすることもありません。しかし、実際にはかなりの頻度で耳にします。

ここで問題なのが、家賃設定。「とにかく売ろう」と考えている販売会社は、その家賃で入居者を募るのは無理があるであろうという高い家賃設定で事業計画を作り、販売します。家賃が高くなれば、当然利回りも高い数字になり、紙面上ではとても優良な物件に見えるため、お客様は、「ちゃんとした会社だし、まさか後で想定外のようなことは起きないでしょう」と、信頼して購入されます。が、2年も経つと愕然とする事態が、待ち受けているわけです。

同じ商品を同じエリア内に、何年にも渡り販売しているわけですから、過去のアパートの家賃がどのような状況をたどったのか、調べるまでもなくわかっているはず。それにもかかわらず、冒頭のようなオーナー様が後を絶たないとは、どういうことかとなるのです。

とにかく利回りに踊らされないよう、しっかりと物件を見極めることが大切です。

15 入居率の真実

弊社に限らず、同業他社のほとんどが高い入居率を掲げているため、新築アパート経営を始めれば、皆成功するようなイメージを持たれがちです。

本当にそうであれば、ネット上に失敗談があふれることもないはずですが、実際はネガティブな話が後を絶ちません。

ではなぜ、そうなるのか。もうおわかりかと思いますが、ほとんどの業者の入居率が、お客様に誤解を与えているからです。

ホームページに堂々と98％と表示してあれば、常に97〜99％を維持し続けているように捉えがちです。お客様からすれば、堂々とトップページに目立つように数字を出しているのですから、当然正しい情報だろうと思われても無理はありません。

しかし、実態は必ずしもそうではありません。業者によっては、過去の実績であったり、3月末の一瞬の入居率であったりと、根拠としているものがまちまちです。つまりホームページやパンフレットに記載の数字は、今現在の入居率ではないのです。

ですから、その数字を信じて購入したにもかかわらず、話が違い過ぎるとオーナーからクレームがきます。

しかし文句を言ったところで、業者は何もしてくれないため、見切ったオーナー様は損切りも覚悟で売却を決断しますが、そうなると業者も、中古市場に自社物件をあふれさせると信用にかかわるため、社内に仲介部門をつくり、その物件を内々でさばきます。仲介料収入も入り一石二鳥です。

また、いくら満室といわれても、家賃が下落したのでは意味がありません。5年で25％も下落すれば、常に1～2室が空室であるのと同じことです。こうなれば、ほぼ逆ザヤ。売却もやむを得なくなるのです。

私が危惧するのは、そのようなオーナー様が増えることによる、この業界全体のイメージダウンです。売れれば良いというやり方は、いずれは自分で自分の首を絞めるようなもの。

ちなみに弊社の状況はと申しますと、２０１６年10月現在の入居率は99・４％。設立以来、約５５０棟販売させて頂きましたが、10年かけてこの数字ですから、決して多い実績ではありません。理由は、どこよりも厳しく土地を厳選し、間取りや設備に家賃設定なども厳しく企画するからです。すべては家賃下落もなく入居率99％を切らないアパートをご提供するために。

16 迷っている方へ

思い切ってアパート経営を始めるか、やっぱりやめようか迷っている方へ。

私なりのアドバイスをさせて頂きます。

「迷うなら思い切って始めましょう。始めなければ何年経っても、きっとずっと迷い続けることでしょう。その迷っている期間がロスになるから、もったいないのです」

なぜなら、迷い続けている時点で、興味がある証だからです。興味のないことに人は迷いません。結局は遅かれ早かれ、いずれはアパート経営を始めているようです。

迷われるというのは、ご本人の中での踏ん切りというか、機が熟すまでの時間が必要だということとかもしれません。それもよくわかります。安い買い物ではないし、アパートの購入は、人生を左右する一大決心です。

ですから、ある程度の時間をかけ、その気になったら、その勢いで即行動を起こしましょう。実際に購入いただいた方とお話しすると、「気がついたら、あれよあれよという間に話が決まり、自分のものになってました」という話を聞きますが、そんなものです。

どんなに高い買い物でも、決まるときはあっという間です。タイミングや縁のようなものがあるのだと思います。

そして、実際にアパート経営を始めれば、「なんだこんなものか。最初ものすごく怖くて、勇気が必要だったのがウソのよう」となり、２棟３棟、多い方で８棟９棟と、ほとんどの方が買い足していかれます。

案ずるより生むがやすし、ということなのです。

ただし、パートナーの見極めは非常に重要です。成功も失敗もパートナー次第ですから。

III

アパートの「質」にとことんこだわる

では、実際の土地や建物では、どういうところにこだわるのか見てみましょう。

17　人様に住んでもらう部屋という意識

お客様とお話をしていて気になるのが、「どうせ自分が住むわけじゃないし」という言葉。自分が住む部屋ではないから、少しくらい仕様に不満があっても、設備や間取りが不便だろうと関係ない。費用のことを考えたら仕方ない。「そんなことを言っていたら、何も買えやしない」ということなのでしょう。

本当にそうでしょうか？

私が考えるのは、それと同じ不満を入居者様も感じるだろうということです。ただ、入居者様も部屋を決めるときに、「どうせ賃貸だし、理想通りじゃなくても仕方がない。どうしても嫌なら、また引っ越せばいいし」と、妥協しつつ住んでいる可能性もあるため、両者の考えはある意味一致しているかもしれません。

しかし、そのような部屋だと、将来、空室に悩むのではないかと不安になります。

それならば最初から、自分が住みたいと思う理想の部屋を創れば、入居者様も同じように喜んでくれるはず。そう考えてはいかがでしょうか。

喜ばれる部屋を創った結果、入居者様に永く住んで頂け、退去してもすぐに次の入居者様が決まる……そんな好循環が生まれます。

あくまでも入居者様目線で。

弊社のこだわりは、ここにあります。

特に弊社では「社会人の女性」をターゲットに部屋創りをしています。部屋を見る目が一番厳しい彼女たちのお眼鏡にかなう部屋ならば、どんな方にも満足いただける部屋になると考えているからです。

社会人の女性の立場で部屋を創るとすれば、どういうところに気を配り、こだわれば良いのか。その追求こそが弊社の生命線だと言っても過言ではありません。

入居者様に快適に住んでいただけるよう、アパートを建てる場所から、間取り、設備仕様、管理体制に至るまで、細部までとことんこだわる。その結果が、年間平均入居率99％以上だと自負しております。

アパート経営をするということは、すなわち大家さんになるということです。入居者様の立場に立って考える、この意識は大切です。

自分が住むのではなく、人様に住んで頂く部屋だからこそ、きちんと丁寧に創られたアパートを購入する。そんなアパートを創る会社を選ぶことが成功への近道です。

18　厳選された土地とエリア

アパート経営を行うに当たり、絶対に妥協してはならない項目のうち、今回は土地選び、エリアの重要性についてお話しして参ります。

1Kロフトや1ROOMの単身専用の場合、駅からの距離が非常に重要です。基本的には、地方都市の場合、徒歩10分以内、首都圏でも15分以内でなければお部屋探しの希望条件外と、はじかれてしまいます。

そのことをあまり重要視せず、20分以上離れたアパートを購入してしまったオーナー様は、2～3年後、空室を埋めるため、賃貸ショップへ家賃の200%～500%での広告料を提示し、とにかく案内してもらうための出費を覚悟する羽目になります。ちなみに一般的な広告料は100%です。そして、なんとか申し込みが入るのを祈る気持ちで待ちます。

運よく入居者が決まったとしても、自腹を切った広告料の支払いが発生しますので大幅出費。最悪の場合、入居者が「やはり駅から遠すぎる」と、2～3か月で退去することも。その場合、当然支払った広告料は1銭も戻ってはきません。また、一からやり直しです。

1LDKタイプの場合は、1ROOMタイプに比べ、駅からの距離がもう少し緩和されます。

次に、エリアの問題。

どんなに駅が近くても、1Kロフトのニーズがなければやはり苦労します。ですから、周辺の市場調査が欠かせません。郊外の場合、一人暮らしの方がほとんどいないような駅周辺に建築しても、借りる人がいない以上、完成してから何カ月経過しようと入居者が全く決まらないことが現実にあるようです。そして、このような土地やエリアのプランに限って、土地の地形も良く、前面道路も広い上、比較的利回りが高い傾向にあるため、初心者の方が飛びつきやすいようです。

アパート経営は、借りる人がいてこそ成り立ちます。

部屋探しに来た人が、「良い土地ですね」とか「道路が広いから決めます」などと言って入居を決めることは絶対にありません。あくまでも、希望エリア内かどうか、駅までの距離が許容範囲内かどうかが重要なのです。

くれぐれも、マイホーム探しの条件と、混同しないように。

19　ニーズ通りの間取り

建物に関しては、

①　ニーズ通りの間取り
②　ニーズを網羅した設備
③　高付加価値仕様

以上の３項目に分けて述べたいと思います。

まずは、「①　**ニーズ通りの間取り**」から。

販売する業者側が、エリアのニーズを把握していなかった場合、大変なことになります。アパートが完成しても入居者が入りません。

その典型的な例として、郊外に単身専用の１Kロフトを販売するケースが挙げられます。ニーズを把握していないというより、する気がないと言ったほうが良いのでしょうか？

なぜなら、郊外には簡単に利回りの回る土地がゴロゴロしており、売り上げアップには、そこにアパートを建てるのが手っ取り早いからです。

どうして利回りが回りやすいかと申しますと、簡単なことですが、土地が安いからです。安い土地（単身の市場ではないところです）に、都心部とあまり変わらない家賃設定で同じ規格のアパートをプランするわけですから、楽ですし簡単です。

本当なら、1LDK以上でのプランニングをするべきなのでしょうが、そうすると戸数が減る分、思ったように利益も上がりませんし、面倒な土地の値段交渉をしなければ、収支が合わなくなります。

というわけで、1Kロフトへと流されるのですが、そもそもニーズがない場所にいくらお洒落に建てても、入らないものは入らないのです。

購入を検討されるお客様にも、少々ご忠告。

1Kタイプにすることで戸数を増やし、空室リスクを分散したい、とおっしゃる方がいらっしゃいますが、いくら戸数を増やそうと、ニーズがなければリスクを増やしているだけ。考え物です。

それでは、ニーズがあればOKなのかということですが、そんな簡単な話ではありません。今や、1Kロフトや1ROOMは飽和状態です。にもかかわらず、入居者の細かいニーズを無視して成り立つほどアパート経営は甘くありません。

それでも1Kロフトを建てるのであれば、間取、設備、仕様と、入居者の細かい希望の全てをクリアした物件だけが、「アパート経営の成功」を約束されるのだと心しておくことです。

では希望をクリアするとはどういうことかを具体的にご説明します。

まず一つは、使い勝手の良いこと。漠然と、間取りを見てもわかりにくいと思いますが、実際に内見すると、お洒落だけど使いにくい、ということが多々あります。

「どうして階段でいちいち下がらなきゃいけないの？」とか、「収納が少なすぎるし、ここに仕切り戸がないからエアコンが効かないかも」とか、間取りによっては、「家具の配置が難しそう」など。

怖いのは、一度そのような意見を耳にした賃貸ショップの担当者が、別のお客様を案内するときに、その部屋の紹介を避けるようになることです。時間の無駄になるからです。案内してもらえない以上、入居率がガタ落ちとなります。

部屋が広ければ良いのでは？　ということも考えられますが、利回りとの兼ね合いで、限界があります。ですから、我々販売する側がやらなければならないことは、デザイン性だけでなく、限られたスペースの中で、居住性を高め、ストレスをなくし、快適な生活を送れるように間取りを工夫し差別化することです。

オーナーになられる方は、そんな間取りのアパートを選ぶことです。

20　ニーズを網羅した設備

次に、2番目の「**ニーズを網羅した設備**」編です。

借りる人あってのアパートですから、入居者のニーズに合わせた設備を導入することが入居率アップにつながることは、容易に想像がつくと思います。入居者が求める設備は次のようなものです。

エアコン／バス・トイレ別／ガスコンロキッチン／ディンプルキー／オートロック／独立洗面台／モニター付インターホン／インターネット

これらの設備を備えれば、入居も安心？　そんなわけありません。これらは最低限の設備です。競争の激しい中に飛び込む以上、なんの業界でも同じですが、いかに他よりも優位に立つことができるか、差別化を図ることができるかです。

弊社では、先ほど挙げた設備を当然すべて採用していますが、他に標準装備として

①　幅1650ミリのシステムキッチン引き出しタイプ（吊戸棚、グリル付き）

②　シャンプードレッサー
③　浴室テレビ（7インチ）
④　浴室乾燥機
⑤　温水洗浄便座
⑥　1Fバルコニー前ライト
⑦　防犯シャッター
⑧　屋内メールボックス
⑨　ペアガラスハイサッシ
⑩　スカイバルコニー（グランティックシリーズのみ）

を、採用しています。

また、追加工事となりますが、防犯カメラ、宅配ボックスなども対応できるように設計しています。

弊社のターゲットである社会人の女性が、快適に暮らすための設備です。一つも省けるものはありません。

入居者あってのアパート経営。中でも、お部屋に対して一番チェックが厳しい社会人の女性から人気物件と言われることで、より確実な経営ができるのです。

21　高付加価値仕様

次に、建物編の最後、**仕様について**お話しします。

仕様とはどういうことか、あまりピンとこないかもしれませんが、「住む人にとっては快適で便利か、オーナー様にとっては高付加価値仕様で、メンテナンス費用を軽減できるものかどうか」といえば、わかりやすいでしょうか。

これは、アパートを一見しただけではわかりにくいのが普通で、どうせわからないからと、企業側は、建物の正面からのデザイン性だけを良くし、仕様にあまりお金をかけません。かけても、売上アップの期待はできませんし、逆に利益を圧迫しかねないからです。

しかし、そのツケと言っては言いすぎでしょうか、住む人は不快な思いをし、不便を感じ、オーナー様には、メンテナンス費用がかさむ事態が待ち受けています。だとしたら、仕様は、無視できない重要項目であることがおわかり頂けると思います。

では、実際にはどの部分の仕様にこだわったほうが良いのでしょうか。

木造や軽量鉄骨造りのアパートは、音漏れに弱い面があります。そのため、壁1枚で隣の部屋とつながるような、いわゆる羊羹型のアパートは、入居者より「隣の話し声やテレビの音が聞こえます。うるさいので注意してください」と、クレームが入ります。また、1階の方は、「2階の足音がうるさいので、静かにするよう注意してください」と、やはり不快な思いをし、改善されなければ、最悪の場合「もう我慢できない」と、退去してしまいます。

空室になれば、結果オーナー様が、そのツケを払わされる羽目になるのです。

そのような事態にならないよう、弊社では様々な取り組みをしています。まず、隣同士の部屋は、水回りや収納スペースで仕切るように間取りを工夫し、しかも全室角部屋になるよう配置し、音漏れを防止します。

上下階については、防音対策として、1階天井と2階床下の間に何重にも防音素材を重ね、震動が階下に伝わらないよう対策を取り、解決を図りました。

その効果に関しては、各支店の内覧会にて来場者の方々に実際にご体感いただき、高評価を頂いております。

次にサッシについても、同じことが言えます。単層ガラスが一般的ですが、線路や大通りに近い物件、または、福岡のように空港が近い物件の場合、外からの騒音に悩まされ、やはり入居者が不快な思いをします。

そこで弊社では、全物件ペアガラスを標準仕様とし、快適性を追求。防音対策に加え、

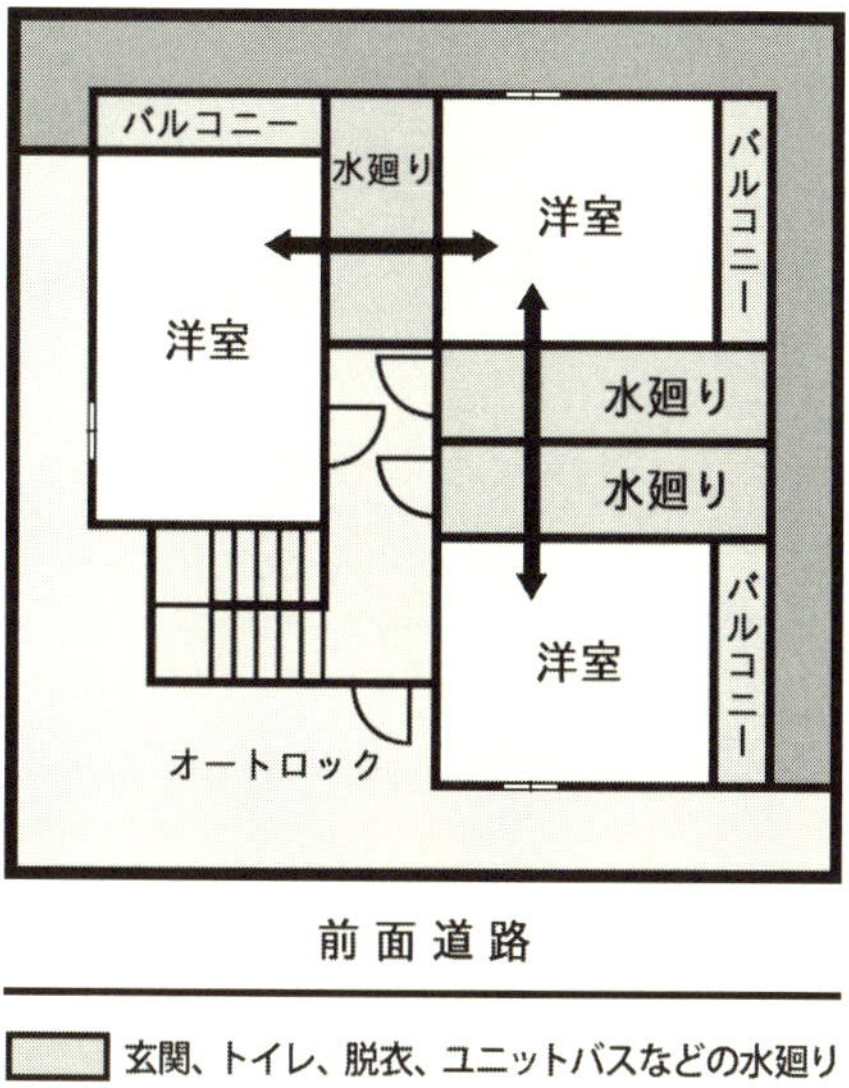

アイケンジャパンの配置

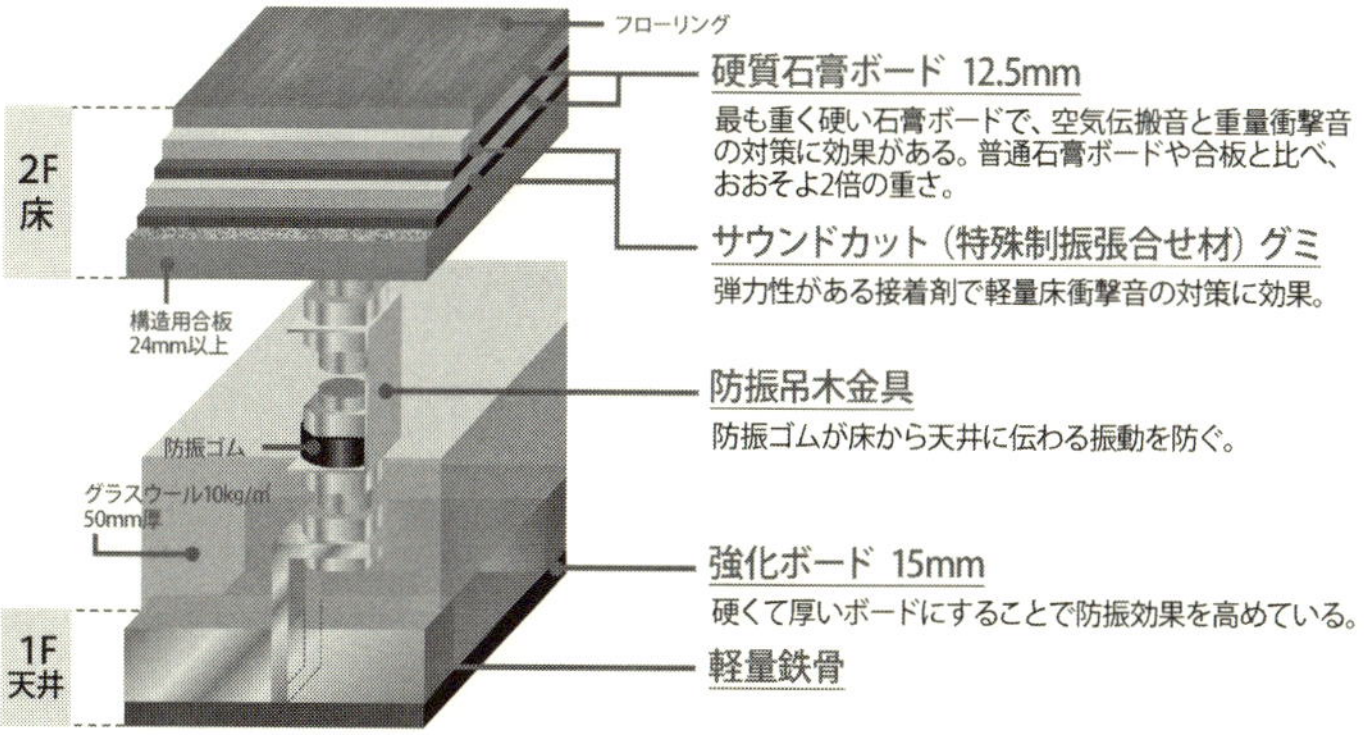

アイケンジャパン独自のSVC構造（Sound Vibration Cut）

結露防止や、断熱性に優れ、意外にも防犯に効果的です。

他にもまだまだ、入居者から見た細かい仕様の話がたくさんありますが、この話はこれくらいにして、次はオーナー様にとって気になるメンテナンスの観点からの仕様のお話をします。

折角購入して順調に経営できていたとしても、築年数が経つと、一般的には、どうしても汚れや、劣化が進み、見た目が古くなり、自然に入居率や家賃が下がります。それと同時に、リフォームやリノベーションといった大規模な改修工事の話が増え始めます。実際に工事を行えば、そのために積み立てた資金を使い果たします。それではもったいないから、この際売却してしまおうとしても、思ったような金額では売れず、ジレンマに悩まされることもあります。

そのような事態に将来ならないように、弊社では、塗膜に汚れの付きにくい外壁材（サイディング）の中でも、特に劣化しにくい厚いサイディングを採用し、釘打ちではなく金具留めで施工しています。それにより、現場のコストがアップし、作業効率は悪くなりますが、将来のオーナー様にとって、安心なほうを選択するように心掛けています。

次に弊社がこだわっているのが、階段通路回り。この部分は、何年も風雨にさらされていると、水垢やシミが付着し、それらがだんだん毎月の清掃でも落ちなくなってきます。

そうなると、一気に古さが目立ち始めます。そのようなことにならないよう、弊社では階段や通路を建物内部に囲い込み、外からの風雨をシャットアウト。そうすれば、何年経っても古さが出ないため、余計なメンテナンス費用に悩まされるような事態にはなりません。

共用部を建物内部に囲い込むというのも、やはりかなりのコストアップになりますが、オーナー様にとっての堅実なアパート経営を実現させることを考えれば、私に迷いはありません。

それから、オーナー様が最近気にされていることは、地震によるアパートの倒壊。

先の熊本地震では、木造家屋の倒壊による死者が多いといったニュースが連日のように流れました。実は、現場を見た人の話を聞くと、木造に限らずマンションのクラックもかなり酷く、建て替えるしかない建物が、多数あるとのことですが……。

弊社の建物は、建築基準法の耐震基準をクリアしているのはもちろんのこと、その基準から約2～3割増しの耐震を基本とした設計を心がけております。

また、新たに、キソゴムや、ハイパーハードといった、耐震対策を施すことにより一層強い建物へと進化致しました。

大切な財産を地震やスーパー台風から守ることは、オーナー様にとっても、弊社にとっても信用に係わる最重要項目。抜け目はありません。

このように、将来、メンテナンスなどに悩まされることのないよう、高付加価値仕様にて施工する弊社の建物は、既にオーナー様になられた方々から、たくさんのお褒めの言葉を頂いております。それが我々の励みになり、もっと良いものをと、日々進化する原動力となっています。

22 建物の裏手に隙をつくらない

次に、建物の裏手や1階のベランダ周りに、防犯上の隙をつくってはいけない話をいたします。

一般的に、建物の表の顔には力を入れ、それなりにお金をかけますが、一歩裏手に回れば、なんの工夫もなく安く仕上がっている建物がほとんど。これは売り手の発想です。表の見た目を良くすれば売りやすくなるので、それなりにこだわるのですが、人目につかない裏手やベランダ周りにお金をかけても損するだけと、気にもかけません。

ですが、そこに隙ができ、空き巣被害などの事件が起こります。被害に遭った部屋の入居者は怖くなり退去します。噂を聞いた隣の住人も、次は自分の番と警戒し退去。結果的に、オーナー様が損をするのです。

アパート経営が、成功するか失敗するかの分かれ道は、1階の入居率次第。ということを、実はどの企業もわかっています。ですが、売ったあとのことなので、知らないふり。私は、そんな売り方をしたくありませんので、やはりコストアップを承知でここにもこだわっています。

①　ハイポジションバルコニー
②　防犯砂利
③　バルコニー前ライト
④　ペアガラス
⑤　オートロック
⑥　防犯シャッター
⑦　境界ブロック2段積（あえて低くすることで死角を作らない）

以上の対策をとることによって、創業以来の10年間に、全支店で起こった空き巣事件は、わずか3件。そのうち実際の被害は1件のみ。残り2件は、侵入前に諦め未遂に終わっています。この数字は業界の方であれば、いかに低いかおわかりいただけるはず。

隙を作らないことで、堅実なアパート経営を実現させます。

23　あえて設備に投資する

先日、お客様より質問されました。

「アイケンさんのアパートは、設備や仕様が過剰すぎませんか？　省いたり落としたりして、その分価格を安くして、利回りを上げてくれたほうが嬉しいです」

確かに一理あります。目先のことだけ考えれば、ですが。

詳しくお話を伺うと、その方は2～3年でアパートを売却し、キャピタルを得たいとのこと。残念ですが、そのような考えの方には、弊社はお売りしません。

なぜなら、それだけ1棟1棟を、こだわり抜いて創っているからです。弊社にとっても、誇りを賭けた大事なアパートですし、どの現場も、汗と思い出が詰まっている、オンリーワンだからです。

ですから、大切にしてくださる方にお売りしたいのです。

また、そもそも他社と比較して頂いても、弊社の建物価格は安すぎるほど。それは、お客様との信頼関係を構築したいからに他なりません。その誠意の証として、価格で表現させて頂いているつもりです。

そして、設備やグレードを高めている一番の理由は、そうすることで、家賃下落防止、入居率アップ、メンテナンス費用の削減を図ることができるからです。すべては、オーナー様に成功して頂くためです。

その成果は、実際に数字に表れています。弊社販売物件は、年間平均入居率99％以上を継続中です。しかも、5年後の家賃下落率は、2～4％程度です。

また、賃貸ショップの営業スタッフの方からも、よくお褒めの言葉を頂きます。「アイケンさんの物件は紹介しやすいんです。お客様の反応が明らかに違います」や、「設備や間取り、仕様など、いろんな引き出しがあるので、お客様に話をしやすくて、ついアイケンさんの物件を紹介してしまいますね」など。

一見、過剰に見える設備や仕様もこのように、わけがあってのことと、ご理解頂ければ幸いです。

24 羊羹型アパート

次に、初めてセミナーにご参加いただいたお客様より質問された、羊羹型アパートについてお話し致します。羊羹型アパートとは、玄関を入るとまず水廻りがあり、その奥に居室があるという間取りのお部屋が、横並びに配置されているアパートのことです。外側から見ると、玄関ドアが横一列に等間隔に並んでいます。「アパート」と聞いて、みなさんがパッと思い浮かべるアパートのことです。

お客様からいただいた質問は、次

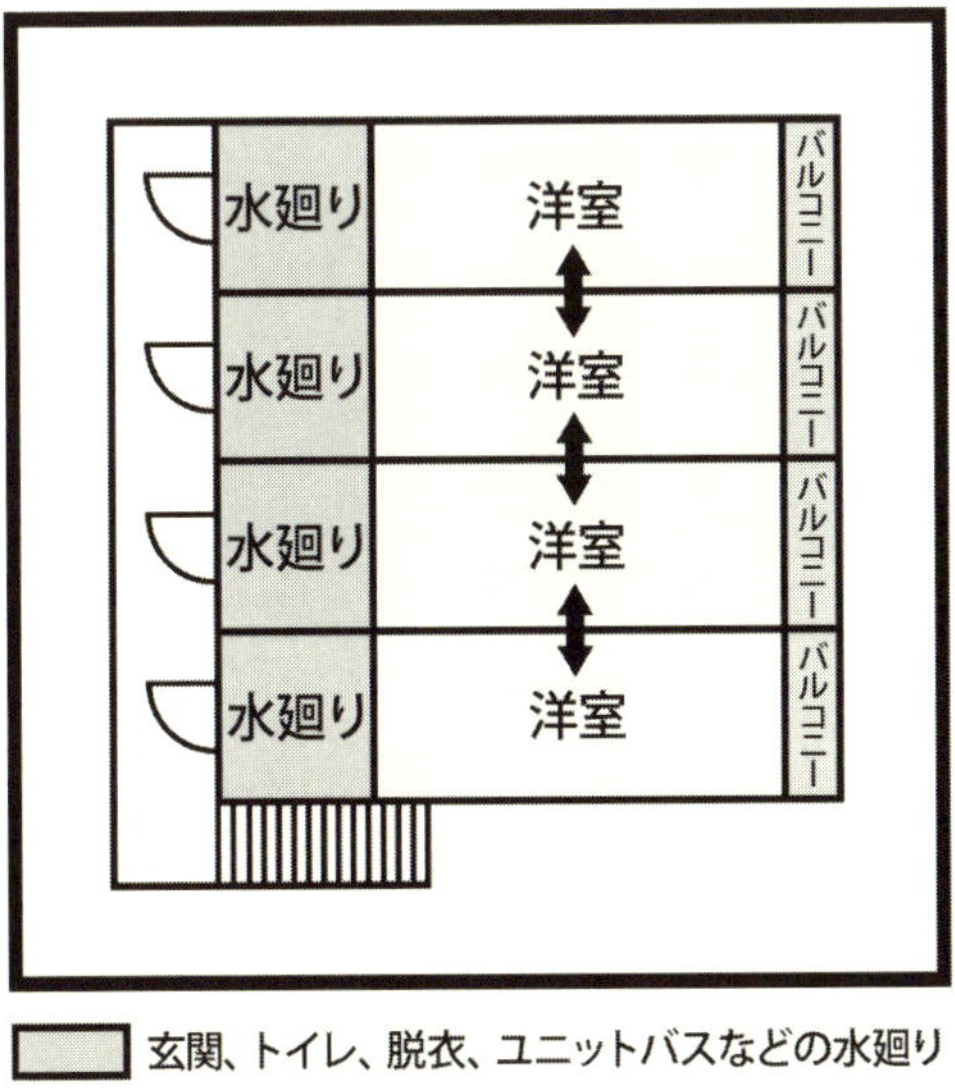

羊羹型アパートの配置

のようなものでした。

「他社で売っているアパートは、羊羹型のアパートがほとんどだと思うのですが、具体的になぜダメなのですか？　ダメなら普通造らないでしょう？」

確かにどの業者も、羊羹型のアパートを販売しています。一般的に考えて、デメリットがあるものは、造らない、売らないと、考えがちですが、売る側の考え方によって、どのようにでも解釈できますから、デメリットと捉えていないのか、わかっていても売る側のメリットのために、あえて販売しているのかもしれません。

売る側のメリットといえば、ズバリ低コストで建築できること。外壁材のサイディングの枚数や、柱の本数、ボードの枚数などが少なく済みます。また、屋根の構造も単純ですし、角部屋が少ないためサッシの数も限られます。何より、設計が単純なので人件費がかからず、アウトソーシングも容易。すべてにおいて、コストダウンに繋がる羊羹型は、売る側にとって最大の魅力です。ですから、少しくらいのデメリットには目をつむるのです。

しかし、売る側にとっては少しのデメリットかもしれませんが、住む人にとっては、大きなデメリットになります。住む人にとって大きなデメリットは、当然オーナー様にとっても大きなデメリット。借りる人がいなくなるからです。

では何がそんなにデメリットなのか？　大きく二つ挙げられます。

一つには騒音の問題。羊羹型アパートの場合、壁1枚で隣の部屋。「隣の声が丸聞こえ。テレビの音まで聞こえます」

羊羹型の場合、よく聞くセリフです。特に挟まれた中部屋は悲惨。1階の中部屋は、住める状況ではないと言っても過言ではありません。上からも両サイドからも音に悩まされます。そのため、空室率の高い部屋となってしまいます。

二つ目に、湿気の問題。窓が少ない各部屋は、風通しが悪く、梅雨時期などカビが発生するケースも多々あります。さらに1階の中部屋は、床下からの湿気により、カビ発生リスクも高まります。考えただけでもあまり住みたくありません。

いかがでしょうか？　このような状況を避けるため、弊社では全室角部屋になるよう間取りを工夫しています。窓を多く取ることで、風通しも良く快適に過ごせます。各居室を水回りなどで仕切る工夫をしていますので、隣の騒音に悩まされることもありません。

入居者が快適に住める間取りにするため、一現場ごとに、これがベストと思えるまで、何度も設計し直します。何を隠そう、弊社は営業マンより設計士のほうが多い会社です。その分、弊社の建築原価は高くなりますが、アパートの販売価格には、それを反映させていません。従って、薄利となります。

それが功を奏し、今では、「お買い得だし、何よりも安心」ということがお客様にも認知され、各支店好評頂いております。

良いものを創り、喜ばれる仕事をすることで信頼関係の輪が広がり、結果的に、会社の繁栄へとつながるものと信じ、日々精進して参りましたが、どうやら間違いではなかったようです。

コラム① グランティック誕生秘話

今回は、オーナー様からのリクエストで、弊社を代表するブランドでありますす、グランティックシリーズがどうやって誕生したのか、その話を致します。

私が、福岡にて独立したのが、２００６年の８月。それまでは、前職にて同じようにアパート販売を行っておりました。

約10年弱お世話になったわけですが、その間にもいろんな商品開発を行い、試行錯誤を繰り返しておりました。

当時はまだ単身者用（1Ｋタイプ）が主流でしたので、いかにロフトをうまくからめ、部屋を広く見せ、段差をお洒落に配置するかを考え、様々な工夫をこらし、５～6タイプほど商品開発した記憶があります。もう約17年前の話です。

そのころは私もまだ若く、33～38歳の間は特に、いろいろと想像するのが楽しくて仕方ありませんでした。が、次第に社長との間で溝が生まれます。

結局、独立することになった私は、家内と２人でワンルームマンションの７階１室を借りて事業をスタートしました。14㎡で居室は４畳ほど。そこには、コピー機と白い4人掛けのテーブルと作り付けのベッド棚だけのスペース。仕事をするのも、お客様との商談も全てテーブルの上で行いました。余談ですが、その思い出のテーブルは今でも福岡支店で現役です。

そんな事務所で仕事をしていた当時、あるオーナー様から、

「どうして、もっと建物にこだわらないの？　どうして一つ一つの備品にまで気を配らないの？　コストが少しくらい上がっても、ワンランク上の良い商品を買いたいと思っているオーナーは多いと思うよ」

と、お叱りを受けました。以来、そのお言葉が私の頭に強烈にインプットされ、お陰様で今日があります。とても感謝しております。

そんなこんなで、この狭いスペースでいろんなアパートの企画を行いました。事業スタートから1年～2年後には、前職時代の部下3人からの入社希望があり採用。その後、近くの13坪店舗に引っ越し、社員も8人に増えます。と同時に、前職時代に販売していたアパートから、もう一歩進化させたアパートを設計担当と共に開発。新しいブランド名を初代「メゾネティックシリーズ」と名付けました。

メゾネティックは、ハシゴ付きのロフトではなく、階段移動のロフトを採用した、まるでメゾネットのようなお部屋のアパートです。2階のお部屋には、専用のスカイ

バルコニーを設けています。このメゾネット風の造りが売りとなり、自分で言うのもなんですが、これが大ヒット。福岡のある駅周辺は、当時弊社メゾネティックシリーズの建設ラッシュとなり、スカイバルコニー付きアパートはここから始まります。

このように順風満帆に見えた弊社に、この後思いもよらない出来事が起こります。

2006年の夏に独立し、4年後に「メゾネティックシリーズ」を販売開始し、その次の年の2年間で計36棟の販売と、当時としては順調に軌道に乗ってきた矢先。

いきなり梯子を外されます。

忘れもしない2011年3月。

福岡市の条例の改定により、4月より、今までのような「メゾネティックシリーズ」の建設はできない旨の通達が届きます。ロフトの概念を厳しく見直したためとのこと。その通達には、断面図まで書かれていたのですが、それを見てびっくり。弊社以外にはやっていないはずの屋上バルコニーまで書かれていたのです。妙な圧力みたいなものを少し感じつつ、途方に暮れてしまいました。やっと軌道に乗って、さあ今からという矢先の出来事だったからです。

同業他社と比べ、弊社が一番凝った作りにしていたため、全否定されたようなもの。大黒柱を失ってしまいました。

そして、この通達以降、業界全体に影響が出始めます。市外へ活路を見出す業者や、新しいロフト基準で販売する業者など各社試行錯誤。今考えると、あのときに、業者はかなりふるいにかけられた感じがします。

私も、さあどうしたものかと、悩んでいると、追い打ちをかけるように例の大震災が起こります。世の中が、超自粛モードへ突入しました。今はアパート経営どころではないと言わんばかりに。

そして、その後、丸1年間現場が混乱することになります。職人さん不足と、資材不足などが重なり、弊社も最大で1か月半遅れの現場がありました。ただ、当時は業界全体がもっとひどい状況でしたので、恵まれていたほうだと思います。

さて、福岡市からの通達を受け、大黒柱を失った私は考えました。福岡市郊外へ出ていくわけにはいかないし、かといって新しいロフト基準では商品力が半減するし、どうすれば良いのか、と。1か月とことん悩みました。

しかし、どうにも結論が出ないので、気分転換に後輩の賃貸ショップに遊びに行くことにしました。こういうときこそ、現場の生の声を聴いてみようと思ったのです。何かヒントをもらえるかもしれない、と藁をもすがる気持ちでした。

「最近どうよ？　お客さんはどんな部屋を探してる？」と聴いたところ、間髪入れずに、「単身でも、1LDKのような、広めの部屋を探している人が多いですよ。マンションに比べて家賃が安ければニーズはかなりあります」との回答が。

!!

その2分後には、お礼もそこそこに私は車に乗っていました。

「これだ」と確信を持ち、会社に戻るやいなや、「新商品は1LDKを販売する。しかも今まで通り屋上バルコニー付きで」と社員に発表し、即みんなの賛同を得、商品化し、発表したのが5月上旬のことでした。

ブランド名は、紆余曲折のうえ、「グランティックシリーズ」と名付けました。「ふさわしい名前じゃないか！」と全員納得。

オーナー様には、「こういう広めのタイプが良いと思っても、今までは狭いタイプばかりだったんですよ」と、嬉しいお言葉を頂きました。

この新しいタイプのアパートは、たくさんのオーナー様、入居者様からご支持をいただき、今では弊社の顔と言っても過言ではありません。

Ⅳ

堅実なアパート経営こそ成功への近道

ここでは、項目ごとに、もう少し掘り下げて、見てみましょう。指標や考え方が具体的になってまいります。

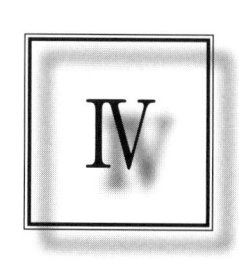

25 自己資金を出す

私はよく、「堅実なアパート経営」をしましょう、とお伝えしています。成功するアパート経営には必要不可欠な考え方です。

では、「堅実なアパート経営」とはなんでしょうか。何回かに分けて書きますが、今回はまず自己資金に関して。

まず、弊社の社員は、何人かが自社アパートを実際に購入し、経営をしています。3棟所有している社員もおり、次も検討中です。当然、全員堅実に経営しております。まだ買えていない社員も、購入に向け自己資金を貯めています。

さらりと書きましたが、自己資金を貯めることができない限り、どんなに買いたくても、買わせません。

若い社員が多い弊社では、皆がアパートを欲しがります。しかし、倹約をしてコツコツ自己資金を貯める生活が体に染みついてからでないと、家賃収入を簡単に使い込んでしまい、逆に派手な生活が染み付きます。これはよろしくありません。

お客様にも、「まずは自己資金を貯めてからチャレンジしてください。必ずお待ちしていますから」とお伝えすることも多いです。

他社からは、「金利は高いですが、自己資金なしでも買えますよ」と言われるみたいですが……。

私がそうお伝えすると、半分の方は「わかりました。頑張って貯めます」と言ってくださり、半分の方は、他社にて購入しているようです。

私は、アパート経営とは、将来に備えるためにあるものと考えます。

サラリーマンであれば、現役の間に倹約体質になり、アパートを買い足していくこと。定年を迎えても、生活に困らないだけの家賃収入が得られる状況に組み立てること。それを常に意識してください。

自己資金なしでアパートを購入できることは魅力的に思えるかもしれません。しかし、簡単に、自己資金なしで買った場合、もし家賃が下落したり、空室が続いたりすれば途端に逆ざやとなります。

家賃収入だけでは月々のローン返済ができず、仮に毎月10万円の手出しになったとしたら、1年で120万円、5年で600万円の出費です。結局、自己資金を補てんという形で出すことになるのです。

そのようなアパートを何棟も所有し、そんな状態が何年も続くと、定年を待たずに経営が破綻しかねません。

退職金を全額アパートのローン返済に回さなければならなくなったというのは、よく聞く話です。やはり、自己資金を出す羽目になるのです。

私が、お客様によくお話しすることがあります。

自己資金なしで買えてラッキーと思っている方に、「業者は、『売れてラッキー』と思っていますよ。後々、オーナー様が空室で悩もうと痛くも痒くもないわけですから」と。

弊社オーナー様は、誰一人として失敗した人はいません。皆さん、堅実にアパート経営をしていらっしゃいます。弊社のアパートが、中古市場に滅多に売りに出ないのが、何よりの証拠です。売りたい、との相談もありません。

アパート購入の前にまず、自己資金を貯めましょう。

では、実際にどれくらい貯めれば良いのかということですが、一つの目安が価格の1割(5000万円のアパートなら500万円)、理想は2割といったところです。

いかがでしょうか？　多いと感じるか少ないと感じるかは人それぞれですが、まずは、目標として頑張って貯めましょう。

26　家賃設定を間違えない

よくお客様から、所有しているアパートの現状を聞かされるのですが、空室で悩むようなアパートや、家賃下落が5年で15〜20％といったアパートでは、とても成功とは言えませんし、堅実なアパート経営とも言えません。

当然、新築時の家賃が高くて、古くなると下落することはやむを得ないわけですが、その下落幅が問題なのです。

家賃が20％も下がっては、いくら入居率が高いといっても空しいだけです。

弊社の下落幅は平均で、5年で2〜4％程度、入居率も99％をほぼ毎月維持していますす（98％〜100％で、平均99％を超えています）。

この差はどこにあるのか、ということですが、間取りや設備以外にプラン作成時の家賃設定に、問題があると言わざるを得ません。

販売する側は、何年もやっていれば、家賃が下落することなどわかっているはず。それなのに、「苦戦したとしても、新築時はなんとか満室になるから良いでしょう」的な、無責任な家賃設定をし、7％〜8％の利回りで販売します。案の定、5年後に家賃が下落したアパートの利回りは、5%まで落ちてしまいます。

こんな状況に泣かされているオーナー様がたくさんいらっしゃいます。とても堅実とは言えません。

弊社では、家賃が下落しないように、間取りや設備、デザイン性など、全てにおいて、差別化を図っていますが、何よりも、プラン時の家賃設定に注意を払い、新築プレミアムなど考慮せず堅実な家賃設定を心がけています。

アパート経営をする上での、重要なポイントだと言えます。

27 間取り・設備・仕様にこだわる

私がいつも社員に言っていることがあります。

「古くなって、もし隣に他社の新築が建ったとしても、入居者様から弊社のアパートを選んでもらえるようなアパートを創らなければダメだ」

弊社の物創りの基本的な考え方です。

言うのは簡単ですが、それを実行するのは簡単なことではありません。しかし、難しいことに本気で取り組んでいるからこそ、今があると思っています。もし、私が売り上げ第一、利益第一主義の経営者ならば、現在のような仕様や設備、間取り、デザイン性などにはこだわらず、もっと低コストで簡単な造りにしています。

では実際に、弊社のアパートはどんなところにこだわっているのか。細かいところは、ホームページで確認していただくとして、まず、ここで言いたいのは、一つ一つの建材や標準仕様の設備の品質の高さです。これは、同業他社と比較すれば一目瞭然です。間取りに関しては、全ての入居者様が快適に住めるよう、まず全体の配置にこだわります。どの部屋に住んでも、挟まれた中部屋にならず、全室角部屋となるようにしており、風通しや採光にも注意します。その次に、各部屋の使い勝手をイメージし、快適に過ごせる空間創りにこだわります。ですから、開き戸や折り戸よりも引き戸を多く採用し、デッドスペースをつくりません。隣室や、上下階の音にも配慮した防音対策に、オートロックなどのセキュリティ対策、スカイバルコニーなどの差別化対策。そして、なんといっても居住性を犠牲にすることなく、快適性を確保しながらの、お洒落な外観のデザイン性にこだわります。それらの全ては、最終的に家賃下落阻止、入居率アップの助けとなり、堅実なアパート経営へとつながっていくのです。

まさに、注文住宅ならぬ、入居者目線の「注文アパート」という発想。

単純に、立地が良く、利回りの高いアパートを買えば成功できるわけではありません。立地、利回りはもちろんのこと、いかに、何十年後も入居者に選ばれる要素を持ったアパートであるかが大切なのです。

アパート購入の前に、建物の質も必ずチェックしましょう。

28 入居が決まるかどうかは管理次第

堅実なアパート経営をする上で、管理は大事なポイントです。弊社が一番に考えることは、満室経営は当然として、余計な費用をオーナー様に負担させない管理です。

まず、出費が大きい広告料に関して。入居者が退去しても、次の入居者が順調に決まれば、余計な広告料を負担しなくて済みます。そこで、すぐに新しい入居者を紹介してもらえるように、各支店の弊社管理担当者は、毎日いろんな賃貸ショップを回り、地道にコミュニケーションをとっています。

また、入居者との良い関係づくりにも注力しています。具体的には、素早いクレーム対応を心がけ、清掃もこまめに行い、一人一人が不快な思いをせず、快適に生活できる空間を創ります。入居者の口コミは、賃貸ショップの方が、またその部屋を紹介するかどうかの大きな判断材料となるため軽視できません。

賃貸ショップのご担当者様との信頼関係をつくり、優先して物件を紹介して頂けるようになるには非常に時間がかかりますが、これが一番確実です。そして、このような管理姿勢こそがオーナー様にとって、堅実経営への一番の助けとなります。

29　メンテナンス費用は最小限に

私は、建物全体の大規模なリフォームやリノベーションは不必要だと考えています。

一般的には、「10年も経てばそろそろメンテナンスの時期ですよ」と、建設業者や管理会社などから、もっともらしく提案されます。建物の寿命を延ばすためという理由のほか、一番は空室を減らすためという理由が多いのではないでしょうか。確かに、きれいになれば入居者が振り向いてくれるかもしれません。しかし、そのために何百万円もの大金をはたかなければならないのは、いかがなものか。ましてや、それだけ金額をかけたとしても、満室になる保証はありません。挙句、10年に1度のメンテナンスが、2回目以降は5年に一度となってきます。

頻繁にそのような提案をするというのは、空室が埋まらない原因を建物のせいにして、実は、リフォームやリノベーションを業者の売り上げアップのために利用している以外の何物でもないと思います。

堅実なアパート経営をするには、とにかく余計なお金が出ていかないようにすることです。メンテナンスなどは、悪くなったらその箇所だけを、低額で補修すれば良いだけのこと。何よりも、空室で悩まないような部屋を最初から購入していれば良いわけです。逆に、オーナー様が空室で悩まないような部屋を最初から提供すること、それが我々の仕事ということになります。

そのため、弊社のアパートは、余計なメンテナンス費用を負担させないための工夫を細部に至るまで施しています。

アパートは、共用階段や、共用廊下周りに古さが出やすいため、弊社はそのほとんどを建物内部に囲います。そうすることによって、それらが風雨にさらされなくなるため、ひどく汚れることもありませんし、傷んで古くなることもありません。

建物の大部分を占める外壁材（サイディング）は金具留め施工を採用しているため、釘打ちよりも痛みが少なく長持ちします。また、サイディングは季節の温度変化によって伸縮しますが、金具止め施工の場合は、その伸縮に柔軟に対応します。

外部の造作物（エアコンの室外機やガス給湯器）は、水垢がつかないように設置場所にも気を遣うなど、細部にまでこだわっています。

コツコツ貯めた家賃収入を、リフォームのための費用にしてしまうのはナンセンスです。余計な費用は負担しなくて良い仕組みがあるのです。

30 金融機関との良好な関係を築く

ほとんどの方は金融機関からの融資を受けてアパート経営をスタートします。借入金の返済は毎月のことですから、少しでも低い金利で借り入れしたいものです。

しかし、今の金利が高いからといって、他の金融機関へ簡単に借り換えるのは、利口だとは言えません。なぜなら、融資のご担当者様は、承認を取るために苦労して稟議書を作成されたかもしれません。場合によっては、上席の方も一緒に交渉してくれたかもしれません。それなのに、1~3年で、または5年後でも他行へ借り換えてしまえば、関係性が悪くなり、次の融資が厳しくなったりします。

意外と軽く考えがちですが、銀行員の方といえども人の子ということです。

確かにどの金融機関も、新規融資は厳しくて、借り換え案件は、審査が甘い傾向にあるように思います。ですから、他行から「低金利で借り換えませんか？」との提案を頂いたら、まずは、借入先の金融機関へ交渉しましょう。金融機関のご担当者様は、オーナー様からの交渉や相談がなく借り換えられてしまう事後報告を嫌います。同じ金利まで下がれば、儲けもの。同じではなくても、いくらかでも下がったなら、登記からやり直す経費を考えれば、結果的には安くつくかもしれません。

もし先方がまったく話に乗ってこなければ、筋を通したうえでやむを得ず借り換えとなります。

また、他行からの提案がない場合でも、最初は借入先へ金利交渉しましょう。その後、他行とも交渉するならば、そのことを必ず報告しましょう。何事にも節度というものがあります。交渉の際は、あまり駆け引きしすぎないように。

それから、融資を受ける際に忘れてはならないのが入居率です。融資したアパートの入居率が悪いと、2棟目以降の案件に悪影響を及ぼすからです。金融機関は、必ず毎年、オーナー様の確定申告書を確認します。そこで、問題なくアパート経営ができているかをチェックします。もしも空室が多ければ、それに足を引っ張られ、次の融資を受けられないことが多々あります。それは他行に出しても同じことです。ですから、入居率は大切なポイントなのです。

堅実なアパート経営を、永くそして、何棟も行うならば、金融機関との良好な信頼関係を築くことが重要なのです。それには、目先の利益だけに走らず、トータルでバランスを考えたお付き合いが賢明です。既存物件の安定経営にも留意しましょう。

実践編

V

パートナー選びが明暗を分ける

アパート経営が成功するも失敗するも全てはパートナー次第です。

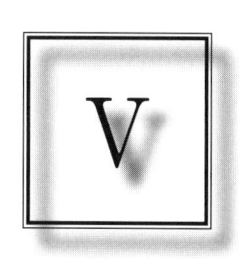

31　パートナー企業の本質

新築アパート経営の成功には「企業の本質を見極めること」が非常に重要です。

そのためにまず、固定概念を捨て、大手も中小もフラットに客観的に見るようにしましょう。そうすれば、今まで見えなかった物が、見えてくるはずです。

例えば一般的なイメージである、

●大企業だから安心、町の中小零細企業は不安。
●大企業は任せられるが、中小企業は何をされるかわからない。

というもの。この固定概念を捨てましょう。

中小零細企業でも、お客様や入居者のために、真面目に頑張っている会社もたくさんありますし、大企業でも、売り上げや利益にしか、目がいっていなかったりするものです。

この業界は、それが意外と簡単に見極められると思いますから、まずは、いろんな企業を訪問し、話を聞いてみることです。

どの会社も良いことしか言わないでしょう。そこで、ご自分なりに質問リストを作成することをお勧めします。同じ質問を投げかけて返ってきた答えや担当者の性格、そのときの雰囲気などを比較すると、企業ごとの体質の違いが見えてきます。

人と同じく、企業もそれぞれ性格が違います。その違いは、担当者に現れます。一見優しそうな担当者でも、一日一緒にいれば、「ん？」と思うことがあったり、行動に違和感を覚えたりします。そのときの直感は、意外と当たっているものです。アパートと同じくらい、社員もよく観察しましょう。

私は、よほどの大企業でもない限り、上場企業であろうと、零細企業であろうと、企業の性格は社長の性格そのものが、そのまま鏡に映し出されているかのごとく表れるものだと考えます。そして社員もまた、段々とその企業色へと染まり、外から見ると似た者同士の集団に映るのでしょう。

企業は社長次第。良くも悪くも、社長色に染まっていくのです。

とにかく、入居者やオーナー様と、同じ目線、同じ価値観の企業をパートナーとしなければ、投資額が大きいだけに取り返しのつかないことになりかねません。アパート経営を行うにあたって、絶対に妥協できない最重要項目だと言えます。ぜひこの点も念頭に置き、購入アパートを決めてください。

32 金融機関でもまどわされる

ある日、お客様からこんなことを聞きました。投資物件を検討する際、他社の営業マンの話では、「不動産投資は、物件力などよりも、いかに金融機関から満額の融資を引っ張ることができるかですよ」と言われ、驚いたそうです。さらに、「どのような手を使おうと、自己資金ゼロで購入できるアパートメーカーを、結局お客様は選ぶのだ」とも言われたらしく、実際に、その会社のアパートはよく売れているのだそうです。

融資さえ引っ張れれば、物件力はそんなに気にしない、というお客様が多いのだという事実に、私は危機感を覚えました。

大手に限って、いちいち物件力などを問わなくても、へたなものを作るはずがないし、ましてや物件力がないアパートメーカーの企画に、金融機関も融資などを行うはずがない。そんな、性善説にも似た考え方なのでしょうが、危険すぎると言わざるを得ません。

本当に物件力があるのなら、中古市場にて売り出される数も、わずかなのでしょうが、実際には、表には出せない築浅物件の情報が、直接個人のお客様に、いかにも掘り出し物件みたく、内々でたくさん紹介されているようです。

また意外なのは、土地と建物をセットで購入するスタイルの不動産投資事業の融資に金融機関自体が慣れていないか、もしくは、初めて取り組む金融機関も多いということです。その立場に立てば、実際に融資を実行し、アパートの本当の実力を知るのは、完成から早くても2年後ということになります。ですから、アパート販売企業とのお取引きが始まってからその間は積極融資を行ってしまいます。

お客様と同じように「大手に限って」との判断をするのでしょうが、2年後に現実の入居率や下落率を知ると、ある日突然、取引中止の事態へと急変します。そのような光景を10年以上にも渡り、ずっと見てきた私からすれば、アパート経営が成功するかどうかは、やはり一にも二にも物件力次第。物件力がなければ、結局は長続きしないということを何度も再認識させられました。

読者の方からは、「営業担当の方の話を信用しなければ、不動産投資などできないし、どこも良いことしか言わないんだから、素人に判断できるわけがないでしょう」という声が聞こえてきそうです。確かにそうですが、安易に **大手=安心** と決めつけるのは危険です。失敗しないためにも、一通りいろんな業者の話を聞くこと、必ず実物を見ること。そして何より固定概念を捨てることです。

33　売れる会社の営業スタイル

一般に不動産投資に関する問い合わせや資料請求は、ホームページより行われるケースが、大半のようです。

請求フォームに必要事項を入力、またはチェックを入れた後、送信ボタンを押して頂くわけですが、初めての方は、かなり戸惑うのではないでしょうか？　なぜなら、後々しつこい営業が始まるかもしれませんし、個人情報の漏えい等、心配ですから。

私は、しつこい追客の電話や営業をしても、売れるものではないと思っています。良い商品を創れば、お客様から「是非買いたい」と、思って頂けるはず。

商談の際は、一通り、弊社の商品や、考え方、実績などを説明し、モデルルームや現地をご案内します。その時点で気に入って頂き、当日か2～3日以内に、お申し込みを頂くケースがほとんどです。もし、お申し込みまで至らない場合は、なんらかのご事情があるわけですから、しつこくして、どうなるというものでもないだろうと思うのです。逆にしつこければ、お客様にしてみれば、迷惑以外の何物でもないと思いますし、度を過ぎますと、恐怖すら覚えるとお聞きしたことがあります。

ですから、たまに、近況伺いのご連絡はさせて頂きますが、その際も世間話程度に、控えさせていただいています。

弊社の営業スタイルで、特徴的なのが無理に売り込まないことです。

お客様のお気持ちを大切にし、お客様のほうから「是非買いたい」とお申し出頂けるよう努めています。

「早くしないとなくなりますよ」とか「とりあえず申し込みだけでもしてください」といった、お客様の気持ちを無視した営業はスマートではありません。このような営業をするのは、新人営業マンか、会社の厳しい営業ノルマを達成するために必死な営業マンです。

弊社の場合は、営業ノルマは一切ありませんから、営業マンはのびのびしています。無理やり売り込む必要はないので、売るためのオーバートークもしませんし、良いものは良い、悪いものは悪いと真実だけをお話しいたします。

次に特徴的なのが、お客様によっては、お売りしないこともあるというところ。こう言うと語弊があるかもしれませんが、決して上から見ているわけではなく、お売りしないほうが良い方もいらっしゃるということです。

弊社にお話を聞きにきてくださった、30代前半のサラリーマンの方の例をお話しします。詳しくお話を聞いていくうちに、既に5棟所有していることがわかりました。しかも、2

年以内にまとめて購入しています。そしてそのほとんどが、郊外ばかり。結果、わずか2年で、すでに空室が目立っています。エリアの重要性や、間取りのニーズといったことをあまり重要視せず、勧められるままに購入されたのでしょう。自己資金もほとんど入れていないとのこと。早々に、逆ザヤになりそうです。

このような状況下において、その補てんに、6棟目を購入したいと来社頂きました。ご本人も、焦っているようでした。

このようなケースでは、弊社ではお売りするのではなく売却をお勧めします。空室が目立つアパートは、築浅のうちに全て売却し、身軽になるほうが先決です。たとえ、少しくらい赤字になったとしても、怪我は小さいうちに対処したほうが良いからです。

買いたい方全てに、ご購入頂ければ良いというわけではありません。ときには、お売りしないで差し上げるほうが良いこともあるのです。

売却をして、心の不安を払拭され、もう一度一からアパート経営について考え直して頂き、「再チャレンジしてみるか」というお気持ちに、ご本人がなることができたら、そのときは是非ご購入頂きたいと思います。

このお客様は、「再度検討してみます」ということになりました。わかっていても、せっかく手に入れたアパートを、わずか2年で手放すなんて簡単には決断できないのも当然でしょう。

以上、弊社の営業スタイルをお話しさせていただきました。

私の根底にあるのは、弊社と関係を持って頂くオーナー様には、必ず人生の勝者になって頂きたいという思いです。ですから、いい加減なことは言えませんし、できません。

私たちは、全社員誇りをもって、毎日の仕事に従事しています。ですから、一人でも多くの勝者を増やしたいと、日々頑張れるのです。

コラム② 独立前後のエピソード

前職時代、私は全く独立心などなく、いかに今の会社を大きくするか、そのことだけを考えて仕事をしていました。

工務店だったので、入社当初は、現場スタッフ6人と、管理、経理で合計10人の小さな会社でした。営業は、私ひとりしかおらず、どうしたものかと思いました。が、当時は社長とのコミュニケーションがとれ、毎日楽しく仕事させてもらっていたので、とにかくこの状況から脱出することだけを考えて仕事に没頭し、約3年で軌道に乗ったと思います。

よく、社長には海釣りに連れて行ってもらいました。私が船酔いするので、もっぱら磯釣りです。寝袋を持参し波止場で夜釣りを何度もしました。山育ちの私は、とにかくへたくそで全く釣れませんでしたが、それでも楽しくて仕方ありませんでした。

それから充実した日々を過ごし、4年ほど月日は流れますが、7年目くらいから社長とギクシャクし始めます。

毎年順調に売り上げが伸びていたので、私は天狗になっていたのでしょう。上司と戦術面などで意見のぶつかり合いが増え、そのうち、社長とも経営方針の考え方が違うのだと感じ始め、悩ましい日々が2年続きました。

そんなある日、あろうことか部下の一人が、上司に対して、「このままだと、独立するかもしれませんよ」と言ってしまいました。ぶつかり合ってばかりだった私を見かねて、援護射撃のつもりだったのでしょう。「お前はなんてことを言うのか」と叱り飛ばした記憶がありますが、結果的に、その言葉によって、周りの方の私への見方が変わり、私自身も、悩ましい日々が続いていたこともあって、その3か月後には、本当に退職することになりました。約10年間本当にお世話になりました。

ということで、独立することになった私は、マンションの1室を借りました。家賃は4万円、広さは14㎡約4帖ほど。狭い部屋でした。それでも、私にしてみれば家内と2人だけですから、充分な広さだったのです。狭くても夢と希望に溢れ、パワーが漲り、独立したからには、自分の理想とするアパート創り、理想の会社創りをしようと心に決め、がむしゃらに仕事しました。

当時の私は、どこへ行くのも走っていました。1分1秒がもったいないのです。汚い話ですが、トイレに行きながら電話をかけ、おにぎりをほおばる……。とても人様には見せられない状況が続きました。

それから間もなく、元部下から電話が入ります。「私も入れてください」と。慕ってくれる部下の想いに胸が熱くなりました。しかし、当時の私は、社員を入れて養えるほどの余裕どころか、自分の生活もままならない状況でしたので、「今は無理」と、断りました。「もし、仕事がうまく軌道に乗ればそのときは考えよう、1年間待て」と、言葉を添えて。万一、事業に失敗すれば、路頭に迷わせてしまいますから……。

その電話以来、より一層必死に仕事をしました。そして、独立から1年後、現在の大阪、福岡両支店の責任者、2人が入社。4人となったのです。座る場所もないワンルームでしたが、わいわい楽しく仕事しました。

それから半年後、建設中だった小さな5階建てのマンションが完成。本当は、テナントとして貸すはずだった1階に引っ越しました。広さも13坪と、今までの3倍の広さとなり、現在の名古屋支店の責任者が入社。ありがたいことに、皆、私についてきてくれました。が、当時の私と一緒に仕事をすることは、生やさしいものではありませんでした。

超せっかち、超短気だった私は、事務員には「お茶の出し方が悪い」「いらっしゃいませの声が小さい」だの、営業マンには「仕事が遅い」「電話を取るのが遅い」「態度が悪い」だの、設計には、「図面を描くスピードが遅い」「土地に対しての配置が悪い、全部一からやり直し」だの……。とにかくピリピリしていました。よく皆辞めずについてきたものです。

その中でも、人一倍怒られたのが、現在の福岡支店の責任者です。皆の、怒られ役になっていました。可哀想なことをしましたが、今では弊社幹部候補の中でも、一番若いのに、誰よりも懐が深く、自己犠牲の精神が自然に身についています。

そのような状況が、独立から4年は続いたと思います。だんだんと皆が成長していくとともに、私のせっかちや、短気も影をひそめました。

今の弊社があるのも、この頃に、全社員が志を高く持ち、踏ん張り、耐え、そして楽しみながら、核となる社風などが、でき上がっていったからだと実感しています。本当に、自慢の社員たちです。

Ⅵ

オーナーなら知っておきたい建設現場

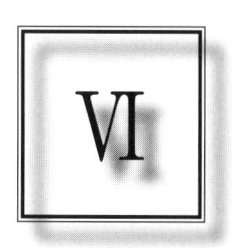

34　建設現場を見ればわかる

私がセミナーで話す内容の一つに、現場のことがあります。実は、現場を見れば、その企業の姿勢が手に取るようにわかるのです。

オーナー様はお忙しい方がほとんどなので、現場に行く機会がないのを私たち販売側はよくわかっています。どうせ見に来ないのだからと、見えないところを手抜きするか、逆に、見に来られないからこそ、代わりにこだわって創るか。

天と地ほどの差があります。

現在建設中、または、もうすぐ建設が始まるというオーナー様は、ご自分の現場がどっちなのか気になりませんか？　もし気になるという方は、安心してください。素人の方が見ても、簡単に仕事ぶりを見分けられる方法があります。

その方法とは、現場が綺麗に片付いているか、ゴミやタバコの吸い殻が散乱していないか、をチェックするだけ。簡単です。

なぜなら、自分の現場に誇りを持っているのなら、自然に綺麗にしますし、逆に気持ちがないなら、適当な現場になるからです。

ですから私はお客様に、できるだけ現場に足を運びましょうと伝えます。大切な財産ですから。

建設現場は、ヘルメットを被ればいつでも見ることができます。どの会社でも、現場用ヘルメットは準備しています。現場に着いたら、中に入って綺麗かどうかチェックしてください。もし、もっともらしい言い訳で、見られないと担当が断ってきたとしたら、考えられることは二つです。とても見せられる現場じゃないか、もしくは面倒くさいだけか。どちらにしても、問題です。付き合い方を考えたほうが良いでしょう。

マイホームだろうと、アパートだろうと、どちらも大切な財産です。建設会社は、現場に誇りを持てる仕事をしなければいけません。

35　サイディング

成功するアパートを見極めるために、建設現場の知識を持つことは非常に大切です。まず、外壁材として使われるサイディングについて学びましょう。

①　特徴

一般的に、外壁に使われるものとして、サイディングの他にタイル貼りや、ALC板、塗り壁工法などがあります。その中で一番多く使われるサイディングは、防火や劣化に比較的強く、コストも比較的安く、デザイン性が高い、という良い面があります。

短所は、現場でのロスが出やすいことや、つなぎ目にシーリングを打つ必要があるため手間がかかることです。

②　種類

一般的に使われるものとして、窯業系（ようぎょうけい）サイディングと、金属系サイディングの2種類があり、多く使われるのが窯業系サイディングです。窯業系サイディングは、セメント質と木などの繊維質を混ぜたものを固め、表面をガラスコートされた塗装膜で仕上げた約3メートル×45センチの板です。耐火性と断熱性に優れます。厚みは13ミリから21ミリまであり、一般的には、14ミリから16ミリがよく使われます。

③ 施工方法

施工方法には、縦張りと横張りがありますが、今回は多く施工される横張りについてお話しします。

横張りをする場合の留め方は、釘打ち工法と金具留め工法の2種類があります。釘打ち工法はコストを抑えられますが、施工できるのは厚さ14ミリまでのサイディングのため、それ以上の厚さのものに対応できません。また、夏冬の

ヒビ割れしたサイディング

温度差による伸び縮みにより、釘打ち部分が劣化する恐れがあり、ひどい場合には、釘を打った部分からヒビが入ってしまいます。施工時も釘を強く打ちすぎると、表面の塗膜まで痛める恐れがあるため、できれば金具留めをお勧めします。

金具留め工法は、サイディングが金具の上をスライドできるため、伸び縮みに対応し劣化を防ぎますが、コストがかかります。厚さ15ミリ以上のサイディングに使われます。

ちなみに、下地とサイディングの間に隙間があるのは、空気層をつくるためです。あえて隙間をあけて空気の流れをつくることで、湿気や熱を逃がします。

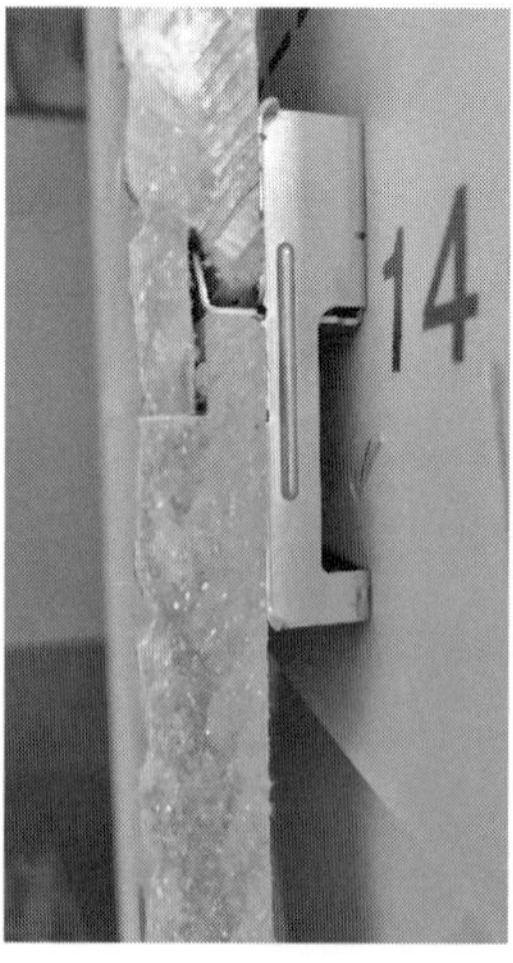

横から見た様子

正面から見た様子

金具留め工法

④ 出隅（コーナー）

建物のコーナー部分に使われます。出隅（コーナー）を使用することできれいに仕上がりますが、その分コストアップとなります。

業者によっては、コストダウンのため、出隅（コーナー）を使用しないケースがあります。

出隅（コーナー）

⑤ シーリング

サイディング同士の継ぎ目にはシーリング工事をします。シーリングとは、水密性・気密性を目的として、目地や隙間などに合成樹脂や合成ゴム製のペーストを充填することです。コーキングともいいます。

長さが約3メートル程度のサイディングは、夏と冬とでは1枚当たり約3~4ミリ伸び縮みするといわれており、シーリングは伸び縮みするサイディングの間でクッションの役割も果たしています。

出隅（コーナー）を使わなかった場合の角のシーリングは、2センチから3センチと幅が広く、将来の劣

シーリング（拡大1）

シーリング

化が心配です。

以上、主なところを簡単に説明しましたが、最後にもう一つ。

サイディングの内側にある下地には防湿シートを張りますが、電気コードや換気扇などの開口部分にきちんと防水テープを貼っているかチェックしましょう。テープがないと、水漏れの原因となります。

大切なアパートですから、知っていて損はありませんよね。

弊社は、これらの項目を全てクリアした建物を建て、大切な資産を大切に創ります。すべては将来のメンテナンス費用を少しでも抑えるためです。

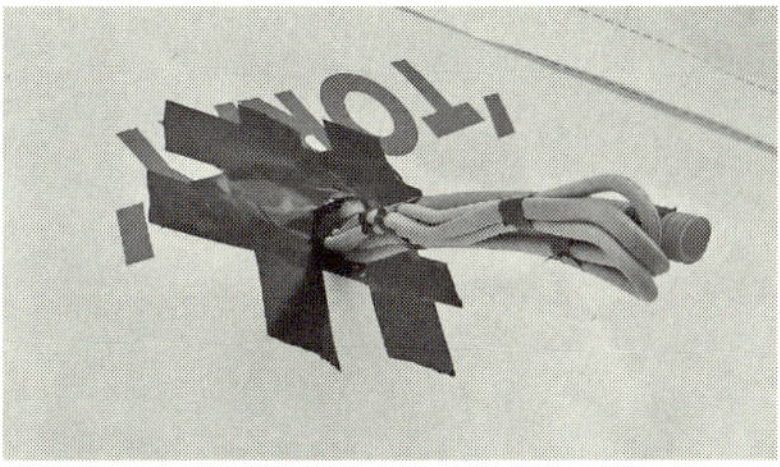

防水テープ

シーリング（拡大2）
（劣化したシーリング）

建物外観（全体）

基礎工事 1

36 基礎・躯体・ボード貼工事

アパートを建てるためには、まず地盤調査をしなければなりません。結果によっては、地盤改良や、ときには杭工事をしなければならないこともあります。

このように、昔に比べ地盤に厳しくなった現在は、布基礎（土台が乗る部分のみ線で支える工法。20～30年前くらいまで主流）から、べた基礎（コンクリートの底板の上に立ち上がりを造る工法）に変わりました。不同沈下を起こしにくいというメリットの他、比較して、シロアリの被害も減るといわれます（床下に土が露出していないため）。

躯体工事については、在来工法の他に、ツーバイフォーやプレハブ工法などもありますが、アパー

基礎工事（完成）

ト建設では一番多い在来工法について、簡単に書きます。

まず材木には、グリーン材とKD材の2種類があります。グリーン材とは、山から切り出して生木の状態で加工したもの、KD材は大きめに加工し、人口乾燥させたあと、歪みなどを削って再加工したものです。KD材のほうが値段は高くなりますが、特に柱や梁などの主要構造部には、KD材をお勧めします。

次にフロア工事ですが、根太（床板を支えるため、床の下に渡す横木）の上にコンパネを張る根太工法と、最近では根太がない根太レス工法が多くなりました。根太レス工法は、梁や土台に直接構造用合板を張っていく工法です。棟上げと同時に床ができるため、安全面、作業面で助かります。合板の厚みは24ミリ以上、梁、土台のピッチは1000ミリ以内とされています。

次に石膏ボード貼工事の話です。大工さんの仕事は、このボード貼がかなりのウエイトを占めます。そしてその分仕事が粗くなりやすい工事と言えます。クロスを貼れば隠れてしまいますし、現場の工期が遅れている場合などは、特に要注意です。ボードの隙間があきすぎたとしても、クロス工事のときにパテで補修するから良いだろうとなるようです。

また、ボードごみを減らそうと、ロス部分も使用し、壁がパテだらけという場合があります。

貼り方はタッカー（ホッチキスの大きいもの）で留める方法と、ビスで留める方法があ

根太工法

根太レス工法

りますが、天井部分などは特に、ビス留めをお勧めします。

また、石膏のために角がもろいところがありますから、できればクロスを張る前にコーナーを取り付けることをお勧めします。そのほうが仕上がりもシャープになります。

以上、簡単にですが建設現場の説明をさせていただきました。

ご自分のパートナー会社がどのような仕事をしているのか気になる方は是非現場に足を運びましょう。

また、建物は、定められた基準をクリアした耐力がなければ建てられません。アイケンジャパンのアパートは、通常より多くの耐力壁を使用しており、建築基準法で定められている基準の約1・3倍の強度を備えています。また、木

構造用合板

造住宅の土台と基礎の間に「キソゴム」という特殊なゴムを設置することで建物に伝わる揺れを軽減し、耐震性能を強化しています。見えない部分だからこそ、手を抜かず、最大限できることをする。それが重要だと考えています。

※耐力壁とは

柱と柱の間に斜めの突っ張り棒となる「筋交い」を入れるか、軸組全体にボードなど（構造用面材という）を釘留めして、骨組みが変形しないよう抵抗する壁のことを耐力壁といいます。アイケンジャパンでは両タイプの耐力壁を採用しています。

最近の建物は、以前より検査が厳しいため、基礎や軀体はそれほど心配しなくても良いと思

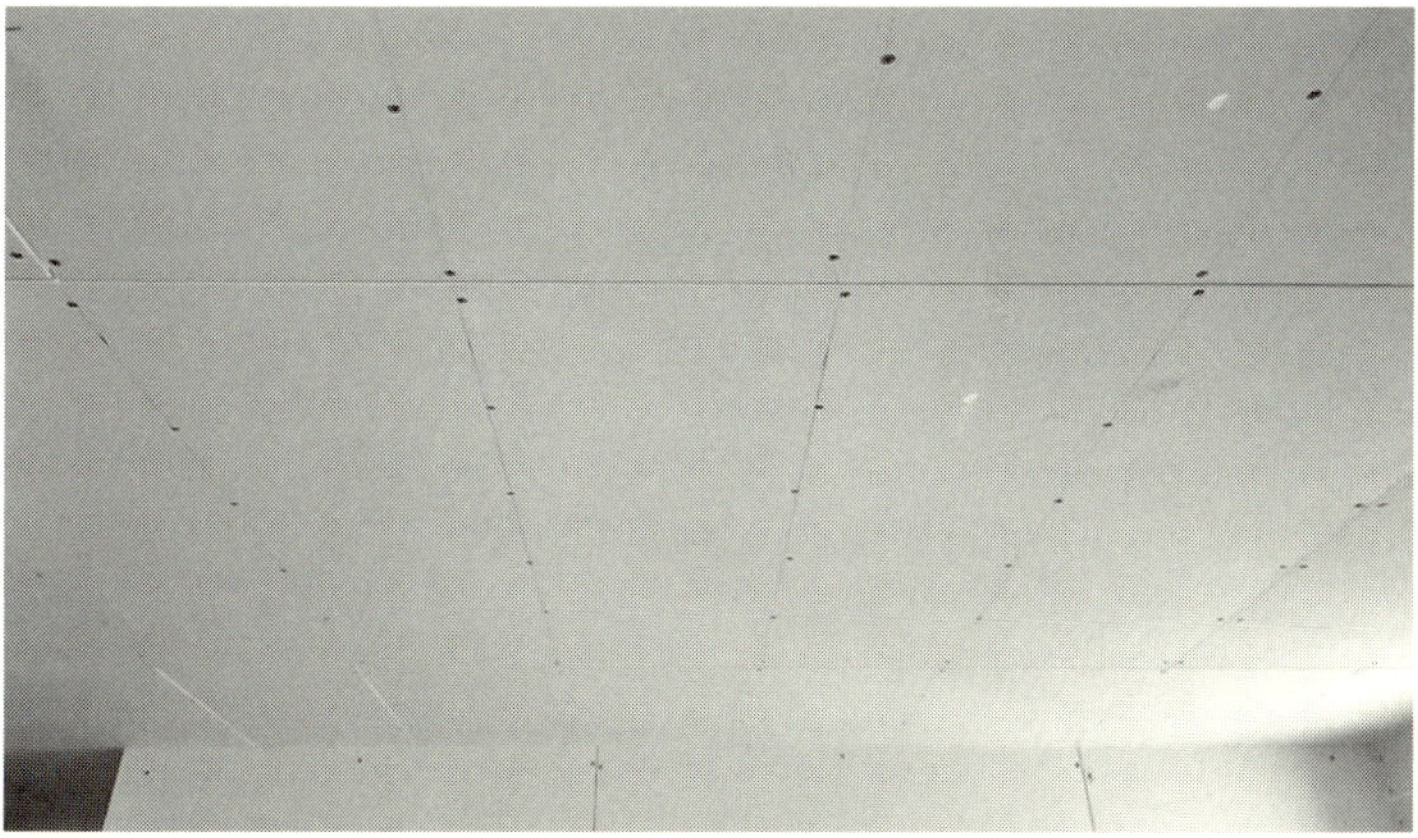

石膏ボード貼工事

いますが、ボード貼は、施工会社の性格が出ると思います。ですから、そこをチェックすれば、どんな仕事をしている会社か全体が見えてくると言えるのではないでしょうか。

お時間があれば、ぜひ現場に行かれ、確認してください。隠れてしまう床下にゴミがないか、現場が掃除されているかも大事なポイントです。大切な財産となるわけですから、建築段階からしっかり見ておきましょう。

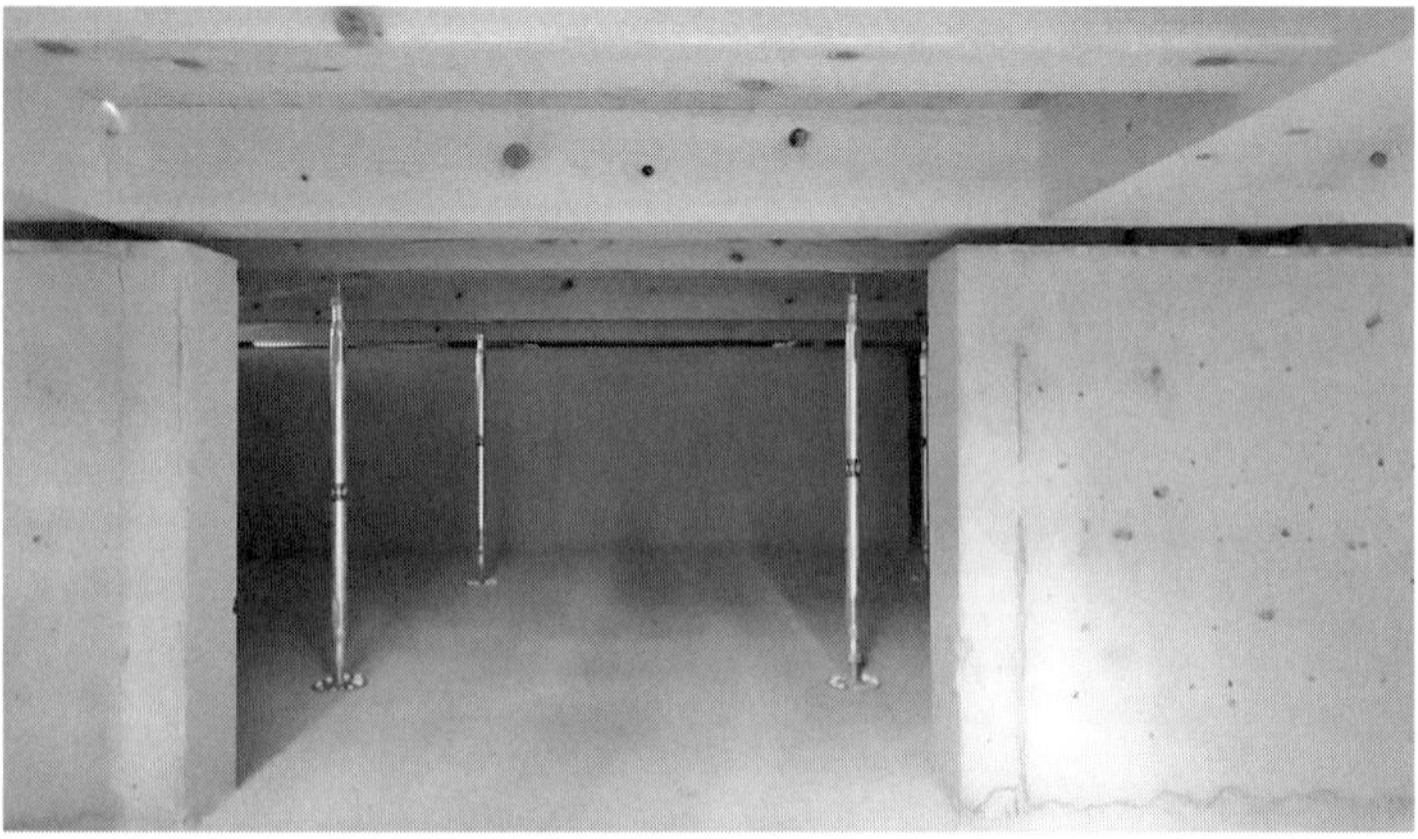
完成した床下

37 仕様

アパートを建てるうえで、コストに大きく影響するのが仕様です。どのような仕様にて建設するのか。漠然と見ただけではわからない仕様面について、今回は、弊社の物件を例に説明いたします。

●キッチン換気口ガラリ

一般的にはトイレ、浴室、キッチン、どのガラリも100ミリですが、弊社はキッチンのガラリを150ミリにしています。キッチンだけは、出口が狭いと換気効率が落ちるからです。油が外壁に垂れないように羽つきもあります。

キッチン換気口ガラリ

●バルコニー回り

一般的にはガス給湯器や、エアコンの室外機を吊ります。しかし、弊社は何も設置しません。バルコニーをスッキリさせることを意識しているからです。給湯器などは目立たない場所に設置します。代わりにライトを設置し、夜になると照らします。建物の裏側は特に人目につかないため、防犯対策上重要です。

●ガスボンベ

一般的には目立たない場所にむき出しで置いてありますが、弊社はボンベックで囲います。見た目もスッキリし、いたずら防止にもなります。

（夜間のライト点灯）

バルコニー回り

●**通路階段**

一般的にはモルタル塗りか、部分的にタイル貼ですが、弊社は、防滑シートを張ります。モルタル塗りは2~3年で古さが出ますし、タイル貼は割れてしまいメンテが大変です。防滑シートは、意匠性があり、汚れが落ちやすい、歩行音の低減、メンテが簡単といった利点があります。

また、たびたび書きますが、基本的に通路階段全体を、完全に建物内に取り込むことにより、防犯面、清掃面、メンテナンス面で有効です。

●**消火器**

一般的には、通路にむき出しです

通路階段

ボンベック

が、弊社は扉付のボックスに収納します。見た目にスッキリしますし、いたずらもされにくくなります。

●サッシ

一般的には、単板ガラスで、サッシ高も１８００ミリですが、弊社は複層ガラス、サッシ高も２０００ミリです。ご存じのように、結露防止、防音対策、断熱効果、防犯上も効果があり、高級感もアップします。

●LEDライト

一般的には、共用部も室内も、蛍光灯か白熱電球を使用しており、ＬＥＤに変更するなら追加工事となり

共用部通路

消化器

ます。弊社は、共用部、室内共にLEDを標準採用しており、オーナー様のランニングコスト軽減に貢献しています（写真は、違いが分かりにくいのでカットさせて頂きます）。

●室内ドア

一般的にクローゼットは、折り戸もしくは開き戸、寝室や脱衣所へは開き戸を使いますが、弊社はいずれも引き戸を使用します。ドアの開閉部分がデッドスペースになってしまうからです。引き戸はスペースを有効に使えます。

以上、何気なく比べただけではわかりにくい弊社のこだわりを、書か

二重サッシ

せて頂きました。これらの項目は、全て標準仕様ですが、販売価格は決して高くありません。その分弊社利益率は低いですが……。

お客様に「良い買い物をした」と思って頂き、また、アパート経営も安定すれば結果的に信頼を勝ち取れると思っていますから。

一つ一つは、小さな違いでも、それが集まれば大きな違いとなり、独自の屋上バルコニーと合わせて、弊社ブランド力となってくれています。

室内ドア1

室内ドア2

室内ドア3

38　工程管理・安全対策

アパートを建設するうえで忘れてならないのが、現場の工程管理と安全対策です。大切な財産になるのですから、突貫工事では困りますし、ましてや現場で死亡事故など起こされてはたまったものではありません。

ということでそれぞれ確認しましょう。

●工程管理

アパートを建てる前にまず行わなければならないのが、建築確認申請。都市により条例が違い、事前協議に1か月を要したり、3階建てでは、構造計算に2〜3か月を要したりしますが、確認を申請したら約3週間で許可が下ります。当然ですが、許可なく現場はスタートできません。

地盤調査を行い、結果によっては改良工事などを終え、いよいよ建築開始となるわけですが、どれくらいの工期を必要とするか、気になるところです。業者によって違いますが、弊社の場合で説明させていただきます。

平均的な6世帯で見てみましょう。

基礎工事に約2週間、上棟から足場撤去までが約3か月、外構工事で約10日かかりますので、着工から引き渡しまで合わせて4か月前後といったところです。4世帯なら3か月半、8世帯なら4か月半ほど、工期を頂きます。

同業他社に比べれば、弊社の工期は1か月ほど長いと思います。一つには、近隣対策上止むを得ないところもあります。正直な話、自宅の隣にアパートが建って喜ぶ人はいませんん。ですから、現場に対して、工事時間の厳守や日祝の工事は行わないことなど、いろんな厳しい注文がきます。できる限り添うように指示しているので、どうしても長くなるのは仕方のないことです。

そういった、注文や工程の調整を月に1度の工程会議の席で周知徹底しています。一現場ごとに、いろんな業者が関わりますので、集まって情報を共有する必要があります。またその場では、近隣の方への挨拶の徹底や、周辺の掃除もするように指示します。近隣の方とできる限り良好な関係をつくることに努力し、完成後オーナー様が、現場に行かれても、嫌味を言われることのないよう心がけております。

ただ、弊社のアパートは、通路階段が隣地側に露出しないつくりなので、隣地の方が、上から見下ろされることはありません。タバコやゴミの投げ捨てなどの苦情はありませんし、バルコニーの向きや、窓の位置も考慮したうえで、最良の図面を書きますので、比較的安心して頂けていると思います。

次に、工期が長くなるもう一つの理由には、戸建てを建てているつもりで、自分の現場にプライドを持てる職人さんに、お願いしていることも挙げられます。職人さんたちには、「自分の手がけた作品に、誇りを持てる仕事をしたいから」と言って頂けます。

そのようにして建設した弊社のアパートに対し、先日、オーナー様から「パーフェクト」と言って頂け、とても嬉しく、また頑張ろうという気持ちになりました。

●安全対策

弊社では、定期的に、現場ごとに安全対策をきちんと行っているか巡回指導しています。そして年に一度、安全大会を開催し、現場での安全意識の再確認を行い気を引き締めます。

事故を起こそうと思って起こす方はいません。何気ない毎日の作業の延長線上に、事故は待ち受けているのです。そこには油断や慢心が潜んでおり、起こるべくして起こると言っても過言ではありません。

現場を綺麗に片づけていれば転ばなかったのに、または仮の手すりを作っていれば落ちなかったのに、といったことでの事故が、この業界は多く問題視されています。

万一、現場で死亡事故などが起これば、お客様にも迷惑をおかけするだけでなく、その家族が不幸のどん底に突き落とされます。絶対にそのようなことが起きないように、心を鬼にしてでも口うるさく現場に注意し、徹底させております。

39　引き渡し書類

アパートが完成したら、残金決済と同時に、建物の書類関係一式を引き渡します。

設計から始まり、いろんな検査を受け無事完成に至るまでに、いくつもの書類を作成し提出します。合格すれば、証として証書を頂きます。

これらはすべて、オーナー様にとって大切な書類です。

それでは、どのようなものがあるか確認してみましょう。

①　確認申請書一式
②　確認済証
③　中間検査合格証
④　完了検査済証
⑤　消防用設備等設置届出証
⑥　住宅建設瑕疵担保責任保険証券
⑦　地盤保証書

⑧　地盤調査報告書
⑨　シロアリ保証書
⑩　住居番号設定通知書

建物の規模や構造などの違いによって、書類も増えますが、最低でもこれらの書類は大切なものですから、紛失しないように保管しましょう。万一の問題発生時や、将来の売却時などに、必要となります。

また、弊社では、着工から完成までの写真をCDにて一緒にお渡ししております。200~300枚の写真ですので結構なボリュームです。遠方のオーナー様は実際に完成アパートを見に来ることができないので、非常に喜ばれます。

ちなみに、弊社ホームページにあるオーナーマイページにも、アパート建築の進捗状況を確認できるように定期的に写真をアップしています。

それから、現場関係のこれら書類の他に、土地建物の登記識別情報や金融機関との書類一式、火災保険証書などいずれも大切な書類がありますので、すでに所有している方は、紛失していないか一度チェックしてみてください。

Ⅶ

アパート完成！　経営がスタートしたら？

40 オーナー検査 外回り編

ここでは、アパートが完成した際に行う、オーナー検査について書きたいと思います。待ちに待った建物が完成し、初めて目にすると、ついつい感動してしまい、細かいチェックを怠りがちです。まずは、しばし建物を眺めながら、冷静になるまで待ちましょう。そして落ち着いたら、そのまま外回りをチェックしましょう。

基本的には、天気の良い昼間に見なければよくわかりません。気持ちの持ち方は、「どこに粗を隠しているのか、探し出してやる」くらいで。問題点を見つけたら、必ず写真を撮っておきましょう。

では、どのようなところを見ていけば良いのかを、確認していきましょう。

① サイディング

傷や、割れ、汚れがないか、隙間が空いていないか?

下から上にかけて縦にチェックすると見やすいと思います。その際にシーリングのチェックもお忘れなく。たまに、施工漏れがある場合や、シーリングの幅が広かったり狭かったり、ひどい場合は、曲がっていたりします。
建物の裏も、どんなに狭くても、ちゃんと確認しましょう。

② **ペンキ塗**

廊下の天井や階段の裏、バルコニーや軒の裏などにペンキ塗りの漏れがないか？ またはそのペンキが垂れてサイディングや床などを汚していないか？

③ **タイル張りの場合目地をチェック**

廊下や外構にタイルを張る場合があります。その場合、目地をチェックしましょう。全ての目地にセメントがきちんと入っているか？ 隙間があるとそこから水が入り剥がれの原因になりかねません。

④ **越境していないか**

エアコンの室外機や給湯器、または軒先の樋《とい》などが隣地側へ越境していることがあります。後々面倒なことにならないように確認しましょう。

⑤ 境界杭

工事が終わると、今まであったはずの境界杭やプレートがなくなっていることがあります。隣地ともめないためにも、必ず確認しましょう。

以上の項目をチェックすると、30分から1時間くらいかかると思います。記載した部分以外にも、共用部の電気はつくか、水切（基礎とサイディングの間に取り付ける金物）が曲がっていないか、傷はないかも確認してください。問題箇所は改善してもらう約束を取り付け、後日再検査か、忙しい場合は写真提出などで確認しましょう。

41 オーナー検査　室内編

次に、室内のチェック項目をお伝えします。

①　玄関ドア

ドアの裏表に傷が入っていないか？　よく見てください。工事中にいろんな物をぶつけることがあります。養生していても激しくぶつけるとやはり傷が入りますから、弊社では最後に取り付けるようにしています。

開け閉めはスムーズか？　実際に開閉して確認しましょう。調整が甘いと枠に当たったり、カギが閉まりにくかったりします。

②　上がり框回り

玄関を上がって1歩目の框《かまち》（床の間や床などの端にわたす化粧横木のこと）とその周りに不具合はないか。工事中、一番負荷がかかっている場所です。何人もの職人さんや業者の方が出入りするので、養生していても傷が入ったり、床鳴りを起こす場合があります。

目で見て確認するだけではなく、足で踏んでチェックしましょう。

③ 建具

開閉はスムーズか？　枠にスッキリ収まっているか？　調整が甘いと、やはり枠に当たったり、きちんと閉まらなかったり、隙間が空いたりといった不具合が生じます。

また、開き戸の場合、扉を開けたときにドアノブや扉自体が、壁に直接当たらないようにストッパーが取り付けてあるか？　確認してください。

④ フロア（床）

傷や床鳴りはないか？　養生が甘いと、工事中の傷があります。仕事が粗ければ床鳴りや隙間が空いていることも。隅々まで踏み締めながらチェックしましょう。

⑤ クロス（壁紙）

傷や隙間ヨレなどがないか？　工事中の傷は、玄関から水回りにかけて入りやすいのでそこを重点的にチェックしましょう。下地のボード処理が粗いと凸凹がある場合もあります。特に、「角」は、そばまで寄って、下から上にかけて見上げるようにチェックしましょう。よく見ると、ヨレがあったり空気が入っていることもあります。それから、枠回りのカットはきれいに処理してあるか？　隙間などないか？　入隅の継ぎ目にコーキングしているか？　確認してください。

⑥ サッシ

開閉はスムーズか？　クレセントの閉まりは適当か？　やはり、調整不足だと引っかかったり、隙間が空いていたりします。クレセントの閉まり具合がきつ過ぎないか？　緩すぎないか？　実際に触って確認してください。

⑦ 電気・水道

ガスは出ないので、それ以外の電気水道をチェックします。

まずは、各スイッチのチェック。きちんと明かりがつくか？　換気扇は動くか？

水回りについては、できれば流したまま2～3分放置し、排水側の水漏れチェックをしたいところです。特にキッチン下と洗面台などは気をつけてください。

⑧ その他

忘れがちなのが、水回りの巾木《はばき》です。カーテンレール、物干し、網戸。キッチンパネルのシーリング。細かい所では、建具の枠の小口シール。

以上のようなところを完全に見て回れば、一部屋30分くらいの時間がかかると思います。できる限り時間に余裕をもって検査に立ち会いましょう。再検査か写真提出を依頼するかは外回りと同じです。

42　かかる経費とかけなくてよい経費

今回は、アパート経営を実際に始めると、どのような経費がかかってくるのか簡単にお話ししたいと思います。

経費は、毎月決まってかかる固定費と、退去や修繕など、不定期にかかる変動費とに大きく分けられます。

では、まず**毎月かかる固定費**について、実際にはどのような費用がかかってくるのか見てみましょう。

① 管理手数料

管理会社へ支払う管理手数料です。まれにご自分で一切を管理されるオーナー様もいらっしゃいますが、一般的には本業があり忙しい方がほとんどのため、委託されます。料金は、毎月の家賃などの収入に対して、数％の手数料を支払います。管理会社によって3％〜10％とまちまちで、管理委託の内容によって異なります。

② 定期清掃料

共用部分の清掃を依頼する場合にかかってきます。オーナー様によっては、ご自分で清掃される方もいらっしゃいますが、一般的には管理会社へ依頼されるオーナー様が多く、月に1～4回の清掃をします。料金は、会社によってまちまちです。

③ 水道、電気料

共用部分の水道使用料、電気使用料です。

④ その他の費用

ネット無料の物件の場合は、ネット料金をオーナー様が負担します。防犯カメラや自動販売機、浄化槽があればその費用など、設備によってかかる費用が変わります。

⑤ 固定資産税

毎年、土地と建物それぞれの固定資産税を納付します。税額は物件の大小、土地の評価額により変わります。

次に**変動費**について見てみましょう。

① 退去時の補修費用

クロスの張替え、クリーニングの費用、鍵の交換費用など、管理会社との契約内容や、賃貸借契約の内容によって、費用負担額や項目も違ってまいります。

② 入居斡旋に伴う広告料

賃貸ショップに入居者を斡旋してもらったときの成功報酬です。本来は、情報誌などへの広告掲載の費用として始まった仕組みですが、今では賃貸ショップの重要な収入源となっており、通常は家賃の1か月分相当が一般的です。入居者が決まりにくい物件に関しては、家賃の2か月分からまれに5か月分もの広告料を支払うオーナー様もいらっしゃるようです。

③ フリーレント

入居者へのサービス期間として2～3か月家賃フリーとし、成約へと結び付ける手段です。空室が埋まらないよりは、マシということで、実施されるオーナー様が多いようです。

実質、フリーレント分の家賃をオーナー様が負担していることになります。

④ 設備の修理や交換

共用部分の電球や、各お部屋の設備が消耗・故障した場合は、オーナー様が費用を負担して交換や修理をします。ただし、入居者に過失がある場合はその限りではありません。

⑤ 大規模修繕

建物が古くなると、大規模修繕の提案を、管理会社やリフォーム会社よりされます。どうするかは、オーナー様次第です。

⑥ その他の費用

他に、最初だけかかる不動産取得税、火災保険や地震保険の更新料、確定申告を税理士に頼めば、その報酬。申告の結果、所得があれば所得税の納付。

アパート経営を行う上では、以上のような経費がかかってきます。

申告の詳しい話はここでは省略しますが、これらの経費などがかかってもなお黒字計上が可能であり、所得税を納付したとすれば、ちゃんと利益が出た証です。

固定費については、経営上やむを得ない費用ですが、できれば変動費については極力抑えたいものです。その中でも、広告料とフリーレントの負担は特に重たいですから、これらを負担しなくて済むよう考えなければなりません。その最も効果的な解決策は、入居率の良いアパートを購入すること。退去もあまり頻繁ではなく、もし出てもすぐに次の入居者が決まるアパートです。余計な広告料を支払ったり、フリーレントを条件としなくても、入居者様からぜひ借りたいと思ってもらえる、アパートを購入することです。

43 リフォームについて

先日、オーナー様より、「5年ごとの短いスパンでのリフォームなど、する必要はないというのはわかったけど（29 メンテナンス費用は最小限に 参照）、リフォーム費用をまったくみなくて良いわけじゃないでしょう？」との、質問を受けました。

確かにおっしゃる通りです。

前に、私が書いたのは、5年や10年で全面改装し、業者を儲けさせるようなことは、もったいないからやめましょう。もし、傷んだ箇所があれば、その部分だけを安く補修し、粘れるだけ粘りましょう。ということでした。入居率が悪いのを、見た目のせいにして、お金を使わせるようなことは、あってはなりません。見た目を良くしたからといって、必ず入居者が入る保証もないのですから。また、そうならないように、建てる前の計画が大事だということも書きました。その上での、今回の質問となったわけです。

大体、築20年を過ぎた仮定での質問だと思いますが、出口をどう考えているかによって、リフォームにかける金額も違ってくると思います。

例えば、5年後には、マイホームに建て替える計画であれば、残り5年は今まで同様、部分補修で済ませましょう。もし、売却するのなら、何もせず現状のまま売り抜きましょう。ただし、契約前の重要事項説明時に、傷んでいる箇所があればすべてを報告し、買主の方に了承を得ておくことをお忘れなく。

なぜ何もしないのかと申しますと、買主の方は、築20年の建物には新築同様のきれいさを求めているのではなく、実績に対しての利回りを求めているからです。だとすれば、リフォームしてかかった費用分、高く売りに出しても、値切られるのが落ちです。

最後に、まだまだ10年20年と経営し続ける場合ですが、この場合は、それなりにお金をかけて、大事にしましょう。

例えば、弊社の1LDK6世帯で見てみると（1Kタイプなら8世帯同等）足場代が60万円前後、サイディングや屋根の塗装、ペンキ塗り、コーキングの打ち直しなどを含めて120万円前後。合計でも200万円程度のお金をかけてあげれば、引き続き頑張ってくれると思います。地域によって、若干の値段差はあります。

また、内装の設備についてですが、一つの考え方として読んでください。

築年数が20年経ちますと、設備も傷んできますが、私の考え方は、「我慢して使う」です。エアコンや給湯器は使えなければ、入居者から不満が出ますから、買い替えるか修理せざるを得ませんが、キッチンがまだまだ使えるなら、古臭いからといって新品に替えるのではなく、我慢して使う。

新築同様の設備に戻すのも良いですが、お金をかけたのに、希望家賃で入居者が決まらなかったら、次は、部屋全体のリノベーションと話がなっていきます。言葉は悪いですが、だましだまし使うことで、出ていくお金を抑えましょう。

いかがでしょうか。

結局、根本にあるのは、だましだましでも入居者が借りてくれる、最初の企画が、いかに重要かということです。

44　アパートの寿命

アパート経営を検討されている方からよく質問されるのが、木造アパートの寿命です。これに答えるのは正直戸惑います。単純に建物の寿命の場合と、入居者ニーズの寿命の二つの考え方があるからです。

お客様からの質問の趣旨は、ほとんどの方が、前者の建物の寿命でのことだと思います。率直に申しますと、定期的にメンテナンスをすれば、50年、60年は平気だと思います。

普通に町を歩いていても、それくらいに古いアパートを何棟も見かけますし、弊社で管理させていただいているアパートの中で一番古いものに、昭和34年築があるからです。既に築年数50年以上を経過しています。それでも、なんと全12室のうち空室は1部屋のみ。まだまだ現役バリバリです。

当然リフォームは大変にはなっていますが、オーナー様からすればローンの支払いがないので楽々のようです。今が一番おいしい時期なのでしょう。

建築基準法も今ほど厳しくもなく、建材の質も比較にならないほど素朴ですが、それでもこうして現役なのですから、現在の建物は、もしかすると「100年もちます」と言えるかもしれません（少しオーバーかな……）。

ですから、結局、入居者が入らなくなった時点が、寿命ということになるのではないかなと考えています。でもそう考えると、たとえ築10年でも、寿命がくる可能性があるということです。入居者のニーズをどれだけ建物に取り入れ、理想に近づくことができるかが、寿命を延ばす一番のポイントだと断言できます。

45　買い替えのタイミング

基本的に私は、オーナー様には一度購入したアパートを長く持っていただきたいと考えています。売却益を得るより、長く安定した収入を得たほうが、将来的に安心を手に入れることができるからです。

しかし、タイミングによっては、買い替えもありだということもお伝えしておきましょう。手放していただきたくない気持ちはやまやまではありますが……。

一般的に中古物件を売りに出すとき、売り主側の状況が大きく分けて二つに分かれます。それは成功している場合と失敗している場合です。

まず、失敗している場合、所有物件の空室が多く、家賃の下落が激しければ、逆ザヤになっているため、持ち主は1日も早く売り抜き、悩みから抜け出したくなります。結果、表面利回りを高めに設定した価格で売出し、祈るような気持ちで買主を待ちます。買主が価格交渉してきても、拒否する勇気はありません。なぜなら、かろうじて満室を維持していますが、いつ空きが出るかわからない状況であるため、今のうちに売ってしまいたいという心理が働くからです。当然そうなるまでに、考えられることは全て、手を打ってみるのでしょうが……。（たとえば管理会社を変えてみたり、リノベーションしてみたり、ゼロゼロキャンペーンやフリーレントにしたり、広告宣伝費を増額し賃貸業者へ何社も営業して回ったり等々）。それでもダメだったとき、とにかく売ってしまいたい心理状態になります。無理もありません。

運よく売却できたとしても、不動産仲介業者には仲介手数料を、金融機関には違約金を支払うことになり、将来のために一大決心して投資したはずのアパート経営が、へたをすると大損して終わったということになります。買い替えるためのキャピタルも望めません。

怖いのは、購入した物件次第では、築浅の時点で早々にこのような事態に陥る可能性が高いということです。

ついでにお話しさせていただきますと、その築浅物件を掘り出し物だと思って、買ってしまわれる方がいらっしゃいます。自分ならもっと知恵を出してうまく経営できると……。家賃が下げ止まってくれれば良いのですが、現実はそんなに甘いものではないでしょう。リタイアして大家業に専念している方は、時間に余裕があるので、自分でリノベーションなどもされ、再起を図ることもできるかもしれません。しかし、一般のサラリーマンの方や公務員の方たちのように、本業が忙しい方は、動けるのは休日くらいなので、よほどの手腕がない限り、収益改善を見込むのは難しいと思います。そのような物件には手を出さないほうが賢明です。

次に、成功している場合、いつが買い替えタイミングかということになりますが、ひとつ考えられるのが、新築から5年経過した時点での買い替えです。なぜ5年かと申しますと、譲渡所得税が軽減されるからです。しかし私の持論では、5年はまだ早い。5年では充分なインカムゲインを得たとは言えませんし、金融機関への支払いもあまり進んでいないため、大したキャピタルも望めないからです。新築購入時にかかった経費や労力、売る時の仲介手数料などを考えても、時期尚早と言わざるを得ないと思います。

ではいつなのかということですが、私の考えでは、「できれば最低でも、10年は所有してインカムゲインを得、減価償却のメリットも得、メンテナンスが必要になる少し前が、1回目の買い替えタイミング」です。そして潤沢なキャピタルを得、また次の新築アパートでインカムゲインを得る。

ただし、売るときには、同じく仲介手数料などの経費がかかるため、売る必要のない方は無理して売るのではなく 買い足すことをお勧めします。なぜなら、アパート経営の目的は「老後の安定のため」だからです。

人生80年を過ぎました。長い長い老後に、収益アパートが複数棟あれば、どんなに心強いことでしょう。

46 キャピタル目的の新築アパート経営は危険

「5年経ったら売却してキャピタルを得てください。と他社営業マンより営業されました」という話をお客様からお伺いし、私は、危険すぎると感じました。5年で20~25%も家賃が下落するアパートが、後を絶たないからでしょうが。

そもそも、売却ありきの営業スタイルはいかがなものでしょうか。「永く所有しても、良いことはありません」と言っているように聞こえます。そのようなアパートを購入し、5年経ったらどうなるか、実際にシミュレーションしてみましょう。

新築アパート／1Kロフト付／8所帯／販売価格7700万円／諸経費別／利回り7%／家賃設定55000円／駐車場1台10000円とします。この物件を諸経費以外は、30年フルローンで購入して、金利2・5%としましょう。

新築当初は、年間70万ほどの実質手残りを得ることができます。しかし、2年目から家賃下落が始まりました。4年目でトントンになってきましたので、5年後、言われたように売却を考えます。仮に少なめに見積もって、下落率が15%と仮定致しましょう。平均家賃は、46750円です。中古市場も、最近は利回りが、新築と変わらなくなっていますので、同じ7％で売却すると6557万円での売却となります。その時点でのローン残債はなんと6781万円。224万円の赤字です。キャピタルどころではありません。これに不動産業者へ支払う仲介料まで考えると206万円赤字が増えます。合計430万円の赤字です。いかがでしょうか。

赤字では売れないし、だからといって所有し続けても毎月のキャッシュフローが赤字では話にならない。もし空室が出たら……。と、毎日が不安で仕方ありません。

「利回り6％で売るんだよ、何言ってるの？」という意見もあるでしょう。仮に運よく売れて、よかったとしても、それを買われた方は、輪をかけて地獄行きとなります。私はこの、誰かが最後にババを引く的なビジネスに、抵抗を感じてなりません。

初心者の方は経験値が低いので、コンサルティング会社や不動産業者などから紹介されて、勧められれば、疑うことなく買ってしまうのでしょう。

弊社は、「売らずに長期保有しましょう」と訴えています。安定収入を得、安心をもたらし、将来設計を確実に描ける。堅実なアパート経営を私はお勧めいたします。

Ⅷ

経営が安定するアパートは管理が違う

47　アパート経営の成功は管理次第

今回はオーナー様からのお話で、管理に関することです。

「他社で管理をお願いしている物件があるのですが、アパートが古くなると、入居者の決まりが悪くなりました。空室が増えてきたので、困っていたのですが、ある日担当の人が、勝手に家賃を下げて募集し、申し込みまでもらっていたんです。なんの相談もなく、です。事後報告では困ると怒っても何食わぬ顔、どう思いますか？」

「酷い話ですね」としか、言いようがありません。

どんなに物件力があろうと、生かすも殺すも管理次第です。「管理なんてどこも同じでしょう」と、考えているお客様は多くいらっしゃいます。しかし実際は、管理会社やその担当によって、入居率や家賃下落率は全く違うものになってしまいます。

まずはそのことを認識され、どこに管理を依頼するのか検討されたほうが、今回のオーナー様のような、悔しい思いをせずに済みます。

建物の寿命がくる日まで、管理はつきもの。慎重な判断が求められます。

48 管理の実態――入居者募集

管理についてもう少し詳しくお話ししましょう。

初心者の方は、失礼かもしれませんが、購入することが目的となってしまい、そのあとから始まる、経営に直結する管理については、頭ではわかっているのですが、正直な話、煩わしいという思いが心の中にあり、「あまり深く考えたくない」という方が多いように感じます。

管理は会社によって三者三様です。どこも同じではありません。比べてみて「こんなに違うのか!」と、びっくりさせられるのが、管理の恐ろしさです。

例えば、入居者募集時について比べてみましょう。

まず新築時の募集について。

弊社では、完成と同時に満室を心がけております。引き渡し後すぐに家賃収入が入ることで、スムーズな滑り出しが可能となります。ところが、業者によっては完成から2か月は免責期間が設けられていたり、新築のうちから、1か月フリーレントでの募集を行ったりと、オーナー様にとっては先が思いやられる条件で募集をしています。しかし他を知らなければ、「こんなものだろう」と納得せざるを得ません。家賃6万円の部屋が8戸あれば、最高で144万円の差がスタート時点でできてしまいます。

次に、退去後の募集についてです。

弊社では、入居者様から退去予告を受けましたら、まずはオーナー様に退去の連絡をします。そこで、新たな募集家賃の打ち合わせを行うのですが、過去の決まり具合などから判断して、1000円〜2000円の値上げ募集も珍しくありません。また、退去がわかり次第、すぐに次の入居者の募集を始め、最悪でも退去から1か月以内に、入居者が決まるように心がけています。当然フリーレントにはしませんし、入居者様の属性も落としません。広告宣伝費も1か月です。年間平均入居率99％以上（2016年10月現在）もダテではありません。

一方他社では、退去の連絡もオーナー様にせず、募集を始めるところもあるようです。連絡すれば、「またか！」とお叱りを受けるので、できないのだと思います。募集はするものの、前と同じ家賃では次が決まらず、退去後2か月ほど経って、2000円程度の家賃値下げ交渉を、オーナー様に対してする羽目になります。またそこでお叱りを受けることとなりますが、やむを得ません。これ以上逃げられませんから、我慢です。叱られるのも仕事のうちです。その1か月後、なんとか入居者が決まりましたが、2か月のフリーレントと広告宣伝費2か月分が条件となっていたりします。正味、5か月の空室と、1か月余計な広告宣伝費を支払ってようやく満室になるような状態です。しかも家賃は2000円下落。似たような経験をされているオーナー様が、これを読んで頂いている方の中にもたくさんいらっしゃることと思います。

このような状況になってしまう原因は管理の担当者にはありません。どこの会社でも管理の方は、一生懸命真面目に仕事をしているはずです。

家賃が上がるアパートと下がるアパートの違いは、最初の企画の段階で生じます。最初に、どれだけ入居者のことを考えて企画したかによってそのアパートの将来性が決まるのです。まずい企画は、そのしわ寄せを全て管理の担当者が背負わされることになります。可哀想なものです。

もっと可哀想なオーナー様にしても、営業担当者にクレームを入れたところで、返ってくる言葉は、「何をやっているのでしょうねーうちの管理は。厳しく言っときます！」と他人事。いつものことですから、クレームのかわし方も慣れたものです。

このような経験がありませんか？

入居者募集ひとつをとっても、管理会社によってこんなにも違うのです。

49 管理の実態――賃貸ショップとの関係性

もう一つ、管理会社によって違いがあるとすれば、それは賃貸ショップとのネットワークの大小です。

ネットワークが強くて広いほど、斡旋頻度が上がり入居率アップにつながります。そのため、企業によっては少しでも入居率を上げようと、自社にて賃貸ショップを経営されているところもあります。

ただ、実際に20代の頃、10年間賃貸営業していた私の経験からお話しさせて頂くと、自前で賃貸ショップを展開しても、斡旋契約数は限られますし、ショップの売り上げアップのために、紹介しやすい自社の新築物件を優先的に斡旋し、古い物件情報は他社の賃貸ショップへ開示するというような、情報の差別化を図るようになりがちです。

このようにすると、他社の賃貸ショップの営業担当者はどう思うか？「古い情報ばかり開示しやがって……もう紹介してあげない」と、ネットワーク構築どころか完全に逆効果、間口が狭くなるばかり。そのうち、一人のお客様を巡って、お客様争奪を始めるといったトラブルが発生します。それがわかっているので、弊社では賃貸ショップはあえて出しません。

自社で賃貸ショップを展開しない代わりに、管理部はたくさんの賃貸ショップを定期的に訪問し、たまに食事会を開いたりすることで、強くて広いネットワーク作りを行うように心がけます。

賃貸営業に関しては、プロにお任せするのです。「餅は餅屋」ということです。

50　管理の実態——補修費

アパート経営には入退去がつきものです。

1Kタイプなどの場合、単身者の居住年数は短い方で数か月、長ければ4年前後とばらつきがあります。その平均居住年数が約2年だとすれば、10年間で5回の入退去があることになります。8世帯のアパートであれば、なんと40回もの入退去があるわけです。

故意過失による破損個所の補修費は、当然退去者から回収しますが、自然損耗によるものは、基本的にはオーナー様負担。補修費は、退去の都度、発生しますから、オーナー様にとっては死活問題です。

補修費の出費を甘く見てはいけません。補修に関してはよくよく考えましょう。といっても、実際の補修の段取りをするのは管理会社なので、オーナー様にとっては、いかに信用ある管理会社とお付き合いしているか否かが大事になってきます。管理会社によっては、退去ごとに発生する補修費用に、天と地ほどの差があるからです。

例えば、クロス一つをとってみても、クリーニングで済むところを、張り替えてみたり、部分張り替えでOKなのに全張替えを行ったり、酷い場合は、オーナー様に張替え費用を請求したにも関わらず、実際には何もしていないこともあります。

どうしてそのようなことが起こるかと申しますと、一つには、オーナー様がその都度部屋をチェックできないことが挙げられます。そして二つ目は、管理会社がマージンを稼ぐため、です。管理会社によっては、マージンを重要な収入源と捉えているところもあります。

そういうわけで、管理会社の見極めが、非常に重要となってきます。

ちなみに弊社の場合、通常の使用状態で、喫煙者ではない方が2年くらいで退去した場合の補修費用は、フローリングの1Kロフト付なら、室内清掃、ワックスがけまで行って3万円台。部分張替えまで行っても5万円以内。ロフトがなければ4万円以内です。

いかがでしょうか。高く感じますか？　安く感じますか？

既に経営中のオーナー様は、これまで支払った補修費と比較してみてください。もしも、毎回毎回、これらの金額よりもかなり高いようであれば、一度ご自分の目でお部屋を確認されたほうが良いと思います。

また冒頭でも話したように、8世帯あれば10年で40回、弊社の金額で計算しても、120～200万円前後の出費となります。もっと高い管理会社なら、300万円を超えてきてもおかしくありません。ゼロゼロ物件などの場合、管理会社にて補填を考えてくれていなければ、全額オーナー様負担になります。恐ろしい限りです。

弊社の場合は、都市によって異なりますが、礼金制度にてクリーニング代を確保しています。礼金がない場合でも、清掃費用として入居時にお客様から数万円頂くようにしております。折角の家賃収入を、吐き出させたりしません。

51 広告の掲載は、良い部屋の証

賃貸業者様は、ネット広告を使いお客様を集客するのですが、ネット上にはいろんなサイトがあります。そして、それぞれのサイトごとに、何百何千社もの店舗が、各店ごとに何十件何百件と物件広告を掲載し、合計すると何万件という莫大な数の広告がネット上に出されていることになります。そんな環境下で賃貸業者様各店、一生懸命にしのぎを削りあっているわけです。

広告を出すということは、毎月の広告宣伝費が経費として必要になるということです。各店ごとに、百万単位で飛んでいきます。サイトによって多少異なりますが、1〜3か月単位で、何物件につき何万円、という枠が設けてあり、期限がくるとサイト上から消されるようになっています。更新するには再契約となります。となれば、いかに反響の見込みのある物件を選りすぐり、広告するかに勝負がかかってくるのは当然のこと。つまり、賃貸のネット広告に掲載されている物件は、賃貸業者の一押し物件だということです。

どうしてこのような話を書いたかと申しますと、お客様から、「賃貸サイトをチェックしたら、アイケンさんの物件がたくさん出ていましたよ！　99％の入居率と言っていますが本当ですか？」という質問を受けたからです。

なるほど、お客様からすればそう思うのは仕方ない、と感じました。が、そんな状況は賃貸畑出身の私からすれば、嬉しい限りのことです。

広告掲載が多いということは、弊社の物件を、各賃貸業者様に、「人気があり、お客様からの問い合わせなどの反響が多い物件」と認めてもらえている証だからです。

弊社アパートの場合、同じ物件を何店舗もの業者様が掲載してくれていたりします。

パートナーとしようとしている会社がいかに良い部屋を創っているかは、賃貸情報サイトを見ることでも見えてくるということです。ただし、新築でもない物件の空室がたくさん掲載されている場合はご注意ください。

コラム③　管理の思い出

約10年前に独立しましたが、当時は家内と私の2人だけ。毎日が戦争のようでした。外出時は、営業もしていたのでスーツ姿で走り回り、汗だく。1秒も無駄にできない状況でした。今考えれば、超が三つほど付きそうなテンパり具合でしたが、毎日が、とても楽しく充実していたので、きついと思ったことはありませんでした。

そんな状況なので、休日なんかはなかったのですが、一応日曜日ということで、家族を連れてドライブに出かけました。行き先は決まって遠方の管理物件です。当時は3人の子供もまだ幼く、一番上の娘に下の子守りをお願いし、家内と2人で物件清掃。虫が多いからか、必ず蜘蛛の巣取りからスタート。外階段の軒が高く、手が届きにくかった記憶があります。

それが終わると、2階通路から階段、1階通路へと掃き掃除。その次に、玄関ドアやインターホンまわり、手摺に窓枠などの拭き掃除。最後に通路階段をデッキブラシで水洗いし、飛び跳ねた水滴を拭いて終了。

次は外回り。敷地内には風で運ばれた、ゴミが散乱しています。郊外の敷地はとにかく広く、掃き掃除も大変です。でも、本当に大変なのは、ゴミ置き場です。学生アパートでしたので、なかなかルールを守ってもらえず、2週間に1回の掃除でも、夏場は悲惨な状態でした。汚い話で申し訳ありませんが、残飯が入ったごみ袋を、野良猫やカラスが食い荒らします。その残りに蛆がわき、それを食べにヤモリ（かべちょろ）が現れるといった、食物連鎖を垣間見ることができます。ドアが付いているのですが、どういうわけかいつも開いていました。

悪戦苦闘しながらようやく一棟目が終了。この時点で、ほぼ2時間が経過。残り2棟。そのうちの1棟は、建物の裏側の敷地が広く、毎回雑草に悩まされました。無事3棟終了するころには、夕方近くになっており、近くのスーパーに寄ってお惣菜と、子供たちにはお菓子をおみやげに買って帰路へとつきます。

大変でしたが、今となってはとても貴重な経験をさせてもらっていたと感じます。

当時の遠方の管理物件3棟は、一人のオーナー様が現在も所有しています。前職時代に建設した建物なので、ほぼ20年が経とうとしています。従って、そのオーナー様とは20年のお付き合いとなるのですが、お互い当時は若く、オーナー様は53歳、私も31歳でした。その方は、もう1棟、福岡市内に所有していますので、計4棟のオーナー様です。全て私がお売りしたのですが、とても可愛がって頂きました。

当時は決まって、オーナー様よりお電話を頂き、月に一度、私が午前10時に、自宅へお迎えに行き、4棟全てを循環パトロールです。とても優しいオーナー様で、気付いたところを優しく指摘して頂きました。どんなに家内と掃除していても、1週間も経てば、がっかりするほどの状況です。その場で、できるだけ綺麗にし、次の物件へ向かいます。全てのパトロールが終わるのが午後1時過ぎ。それから、いつも30分ほど車を走らせ、玄界灘を一望できる魚の美味しい旅館で、昼食をご馳走になります。いつも食べきれないほど、注文して頂き、お腹一杯で帰路へとつきます。

車中ではいろんな話をしました。趣味の釣りの話、お嬢様の話、政治の話など。とても勉強になりました。私を、息子のように思って頂いていたのだと、思います。

そんな状況が12年ほど続きました。それから次第に、パトロールの期間が空くようになってきます。オーナー様は、あまりお体が丈夫ではないのと、お嬢様がご結婚され、本当のご子息様ができたことも重なって、3か月に一度から、半年に一度と。20年経った今では3年に一度くらいに減りました。

弊社への電話も、私にではなく管理担当へ掛けて頂くようになり、気を遣われているのが、寂しくもあり、申し訳なくもありますが、仕方ありません。

しかし、どんなにお会いする機会が減っても、私が独立するときに、「中島君に預ける」と言ってくださった、大事な大事なオーナー様です。一生お付き合いさせて頂こうと思っています。

IX

アパート経営に関わる税金

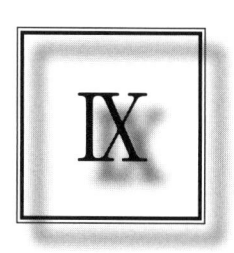

52　税金を理解する

アパート経営には様々な税金が関わってきます。例えば所得税・住民税・固定資産税・償却資産税・消費税・不動産取得税・登録免許税・印紙税・そして相続税があります。これらの税金は国民の義務としてきちんと納めなければならないものですが、「経営」という観点から見れば「コスト」として大きくのしかかってくるものであるため、少しでもその金額を下げたいというのがオーナー様の本音でしょう。脱税はいただけませんが、上手に税金を抑えることは、アパート経営を成功させるための一つのテクニックと言えます。

まずは、所得税についてお話ししていきます。

●余計な所得税を納めないためには

自営業の方は、ご商売をされるうえで、様々な費用を経費計上することができるのに対し、サラリーマンの方は給与所得控除という経費があるため、プラスして、他の費用を経費に計上することができません。しかし、アパート経営をすることで、アパート経営に関わる部分の経費を計上し、給与と家賃収入を合算した所得から控除することができるので、所得税が軽減される可能性があります。

経費として計上できる費用として、例えば、他の都市にアパートを購入した場合、その物件を確認するための旅費であれば、経費計上することができます。ただの観光目的の場合は、経費にすることはできません。

アパート経営に関連しないものを経費としてしまうと「脱税」になってしまいます。アパート経営に関連するものを少額であってもこつこつと漏らさず拾い上げることが節税への近道となります。

それ以外にも、制度を利用した節税もあります。ご自身のアパート経営が、10室以上の事業的規模となることで、65万円の青色申告特別控除を受けることができるようになります。また、奥様へ専従者給与を支払うこともできます。扶養の範囲であれば当然無税となります。その奥様へ支払った専従者給与もまた、経費計上できます。

その他にもいろいろと節税の方法はあります。ここでは書けませんが……。勘違いしてはいけないのは、そもそも税金は納めるものである、ということです。堅実なアパート経営ができていれば利益が出ます。利益が出るということは税金を納める必要があるということです。ただ、きっちり節税して、納める税金は必要最低限にしたいものです。

●節税目的の不動産投資の落とし穴

区分所有型投資用マンションの販売で、「赤字計上できるので所得税の還付を受けられます」といった営業を聞きますが、これは根本的におかしいのではないでしょうか。税率がきわめて高い高額所得者で成功するケースはあるようですが、そもそもいくら税金が還付できるといっても、赤字経営がうまくいくはずがありません。税金の還付が目的なのか、手元にお金を残すことが目的なのか、本来の目的を見失わないようにしましょう。

53　法人でアパート経営

最近、サラリーマンの方でも資産管理会社を設立して、アパート経営を始められるケースが増えています。個人と法人の税率構造が異なるため、一定の利益（所得）を超えると個人で税金を納めるより、法人で税金を納めるほうが、税金負担が減るためです。

法人経営のメリットとデメリットは次のようなものが挙げられます。

【メリット】

●一定の所得を超えると個人の税金（所得税）より法人税のほうが税金を抑えられる。

●役員報酬を配偶者などに支給し、所得を分散することで節税が可能。

●保険料を経費にすることが可能。

【デメリット】

●設立時の登記費用などがかかる。

●法人税の申告が複雑で税理士に依頼する必要がある。

●所得税の青色申告の65万円控除が使えない。
●均等割という、赤字でも納めなければならない税金がかかる。

では、個人と法人どちらにすべきか。結論から言いますと、業者や税理士の方に確認するのが一番です。（利益）所得の状況、今後の事業計画、家族構成、税制改正といった様々な要素を考慮して検討する必要がありますので、業者さんや税理士など専門家に頼りましょう。

54　相続税対策に大きな効果を期待できる

最後に、アパート経営による相続税対策について触れておきます。

「100人に4人が相続税を払っている」と言われていた相続税ですが、平成27年の税制改正により全国平均で6%、東京都では13・5%、さらに東京23区では、25%の人が相続税の申告が必要になると見込まれており、他人事ではなくなってきました。相続税を節税するには、相続税対策を早期に始めることが重要です。

一般的な相続税対策として、生前贈与や生命保険の活用などがありますが、ここでは特に有効な手段として古くから利用されている不動産を活用した相続税対策についてご説明します。

相続税の計算方法は、ざっくり言いますと「所有財産の評価額×税率－各種控除」です。不動産を活用した相続税対策を実行すれば、所有財産の評価額を大きく下げることができ、結果として、相続税額を抑えることができます。不動産は相続税計算上様々な優遇措置があり、所有財産を現金や株式から不動産に変えることで評価額を半分に落とすことも可能です。例えば、

●アパートの評価額は建築費の60~80%程度になり、さらにここから借家権割合30%の評価減。

●土地は貸家建付地の評価となり、おおむね10~20%の評価減、さらに小規模宅地の特例に該当すれば50%の評価減。

となる可能性があります。

このように大きな節税効果が見込める不動産投資ですが、やはり赤字経営では意味がありません。節税はできたけど、家賃収入が少なく、毎月のローン返済に追われてしまうようでは、お子様など相続人の方々の負担になってしまいます。やはり、堅実なアパート経営を心がけることが一番です。円満な相続のためにしっかり準備しましょう。

まとめ

X

安心安定の人生を送るために

55 成功の輪

「結局、最後まで、アイケンジャパンの宣伝本だった」とお思いの方もいらっしゃるでしょう。やむを得ません。ブログを通して日々、いろんなテーマで書き綴っていますから、その延長線上の本書ということでご了承ください。ただし、書いた内容は、アパート経営を成功させるための王道と言っていいことばかり。この本の内容を実践していただければ、将来は約束されたといっても過言ではありません。

いろんなアパート経営本が出版されていますが、本書のように、オーナー様の立場、売る側の立場、管理側の立場など、それぞれの立場に立って書かれた本は、多くはないはず。それは、私自身が、すべての立場に立っているからこそ書ける内容だからです。

「堅実なアパート経営」というフレーズを使うたびに、弊社のノウハウを、一人でも多くのオーナー様に知っていただき、理解していただき、成功という二文字をつかみとっていただきたいという気持ちを強くします。そのため、オーナー様が安心安定の人生を送るための応援企業となるべく、日々努力し、情報発信してまいりました。

おかげさまで、500人以上の成功したオーナー様と良好な関係を築くことができました。オーナー様のうち、一人も失敗オーナーがいないことの裏付けとして、紹介の輪の広がりを、一層感じるようにもなり、それが私の心のよりどころとなっています。

今後も自分にウソをつかず、正しいと思うことを、一人でも多くのお客様に発信し、成功の輪を広げてまいる所存です。

本書が最終校正を終え、いよいよ印刷にかかろうかという時期に、ビッグニュースが世界を駆け巡りました。2016年11月9日のことでした。アメリカ合衆国大統領選挙で、勝ち目はないと思われていた、共和党のドナルド・トランプ氏が、大本命と目されていた、民主党のヒラリー・クリントン氏を破り、第45代大統領になったのです。

この日は朝から株式市場、為替市場ともに乱高下を繰り返し、株式は一時1000円を超す下げを記録しました。トランプ氏の経済政策が全く見えない中で株式投資家は右往左往したのです。いつなんどき、何が起こるか、先行きが全く見えない時代への転機を迎えたのです。こうした時代だからこそ、「堅実なアパート経営」を支えてきた、私どもが掲げるモットーとノウハウは重要な意味を持ってくると、さらに確信した出来事でした。

本書をお読みいただいた皆様が、時代に翻弄されずに、確実に投資の実績を上げる「アパート経営」の輪の中に入ってくださいますよう祈るばかりでございます。

〈著者紹介〉
中島厚己（なかしま　あつみ）

昭和40年、大分県生まれ。アパート経営歴18年、4棟経営中。1985年賃貸会社に入社。仲介業の立場から業界の経験を積む。1997年アパート販売会社に入社。建築企画のノウハウを蓄積する。経営者・オーナー・賃貸ショップ・管理会社それぞれの視点からアパート投資をみた結果、「堅実なアパート経営」こそ成功への近道だと確信。2006年に株式会社アイケンホームを設立、2014年に株式会社アイケンジャパンに商号変更し現在に至るまで、変わらぬ姿勢で堅実なアパート経営を提案し続けている。これまでに500棟以上のアパートを販売。創業以来、年間平均入居率99％以上を維持しているアパートは、成功オーナーを輩出し続け、オーナーから厚い信頼を得ている。

新築《しんちく》アパート経営《けいえい》こそ副業《ふくぎょう》の中《なか》の本業《ほんぎょう》　成功《せいこう》の秘訣《ひけつ》55

2016年11月30日　第1刷発行

著　者　　中島厚己
発行人　　久保田貴幸

発行元　　株式会社 幻冬舎メディアコンサルティング
〒151-0051　東京都渋谷区千駄ヶ谷4-9-7
電話 03-5411-6440（編集）

発売元　　株式会社 幻冬舎
〒151-0051　東京都渋谷区千駄ヶ谷4-9-7
電話 03-5411-6222（営業）

印刷・製本　シナジーコミュニケーションズ株式会社

ISBN978-4-344-99365-5　C0033
幻冬舎メディアコンサルティングHP
http://www.gentosha-mc.com/